# Unnützes Fußballwissen

Manuel Tonezzer

# Vorwort

*„Uns steht ein hartes Programm ins Gesicht."*
*– Andreas Brehme*

Dass der Fußball seine eigenen Geschichten schreibt, ist nichts Neues. Seien es unglaubliche Aufholjagden nach hohen Rückständen, kuriose Transferpannen oder bizarre Vorkommnisse außerhalb des Platzes. Im Fußball muss man mit allem rechnen, Spannung ist immer garantiert. Die Geschichten übertreffen sich stets gegenseitig an Skurrilität und sorgen für viel Gelächter und Verwunderung bei den Anhängern.

In diesem Buch erfahren Sie Geschichten, von denen Sie vermutlich noch nie gehört haben und entdecken Fakten, mit denen Sie am Stammtisch jeden verblüffen. Wussten Sie beispielsweise, dass die kürzeste Amtszeit eines Trainers lediglich zehn Minuten betrug? Oder dass Papst Franziskus bekennender Anhänger eines argentinischen Fußballvereins ist?

Ich hoffe, dass Sie in diesem Buch vieles lesen werden, das Sie zuvor noch nicht wussten, und dass Sie sich bei der ein oder anderen Anekdote verwundert die Augen reiben. Mir ist klar, dass ich nicht garantieren kann, dass jede Geschichte oder jeder Fakt für Sie vollkommen neu ist, aber ich habe mein Bestes gegeben, damit mir dies gelingt.

So unnütz dieses Wissen im ersten Moment klingen mag, so interessant sind die einzelnen Fakten bei genauerer Betrachtung. So klein ein Fakt auch sein mag, verrät er uns doch stets mehr über die wundersame Welt des Fußballs. Immer wieder erscheinen neue Anekdoten oder Geschichten, die die Sicht auf den Sport verändern können.

Tauchen Sie ein in eine Welt, die getrieben ist von Politik, Religion und Krieg, lernen Sie völlig neue Seiten des Fußballs kennen und machen Sie sich darauf gefasst, Dinge zu erfahren, die Sie garantiert verblüffen werden.

Bleibt mir nur noch zu sagen:
*„Ich mache nie Voraussagen und werde das auch niemals tun."*
*– Paul Gascoigne*

# Die harten Fakten

1. England gilt als Ursprungsland des Fußballs. Allerdings soll das erste fußballähnliche Spiel in China stattgefunden haben. Es trug den Namen „Ts'uh-küh" (Tretball) und wurde schon im 3. Jahrhundert praktiziert.

**2. Dabei gilt China überhaupt nicht als Fußballland. Lediglich einmal qualifizierte sich das Land der Mitte für eine Weltmeisterschaft. Das war 2002. Damals fand das Turnier in Südkorea/Japan statt. Also gleich um die Ecke.**

3. Der jüngste Torschütze bei einer WM ist der Brasilianer Pelé. Er war damals lediglich 17 Jahre und 238 Tage alt. Zudem ist Pelé auch der jüngste Hattrick-Schütze einer WM und der jüngste Torschütze eines WM-Finalspiels.

4. Den Rekord für den höchsten Sieg bei einer WM-Endrunde hält Ungarn. Bei der WM 1982 besiegte man El Salvador mit 10:1.

5. Die kleinste Fußball-Liga der Welt befindet sich auf den Scilly-Inseln, einem Archipel vor der Südspitze Englands. Dort duellieren sich die beiden Klubs „Woolpack Wanderers" und „Garrison Gunners" 18-Mal pro Saison, immer sonntags um halb elf. Zuschauer lockt dieses Derby kaum an, die Spiele verfolgen zumeist nicht mehr als zehn Fans.

**6. Die Mittellinie des „Estadio Milton de Souza Correa“ im brasilianischen Macapa befindet sich exakt auf der Äquatorlinie.**

7. Am 11. November 1987 bestritt Mark Hughes am selben Tag zwei Spiele für zwei verschiedene Teams. Erst ein EM-Qualifikationsspiel mit seinem Land Wales gegen die Tschechoslowakei, anschließend ein Spiel in der deutschen Bundesliga mit dem FC Bayern München gegen Borussia Mönchengladbach.

8. In der Geburtsurkunde von Rio Mavuba steht als Geburtsort „auf hoher See“. Er wurde auf einem Boot in internationalen Gewässern geboren.

**9. Sein Vater kam aus dem Kongo, seine Mutter aus Angola. Mavuba selbst spielte allerdings für die französische Nationalmannschaft. Insgesamt kommt der Mittelfeldspieler auf 13 Länderspiele.**

10. Der jüngste Schiedsrichter Deutschlands heißt Lennox Pawlik. Er wurde am 13.04.2009 geboren und bestand seine Prüfung im September 2019. Nebenbei spielt er bei den E3 Junioren von Germania Halberstadt.

11. Der mexikanische Stürmer Javier Hernandez trägt den Spitznamen „Chicharito“. Das bedeutet übersetzt „kleine Erbse“.

12. Bryan Cristante wurde wegen Gotteslästerung während eines Spiels in der italienischen Serie A für eine Partie gesperrt. Beim 5:1-Auswärtssieg seines Klubs AS Rom in Bologna soll er eine blasphemische Äußerung von sich gegeben haben.

**13. Dieses Schicksal teilt er sich mit Rolando Mandragora von Udinese Calcio, der bereits 2018 für selbiges Vergehen gesperrt wurde. Ursache für seine Äußerungen war eine Parade des gegnerischen Torhüters. Die Worte „Porca Madonna, Vaffanulco, Dio Cane", mit welchen er die Jungfrau Maria sowie Gott beleidigte, wurden ihm zum Verhängnis.**

14. Der britische Arzt und Sherlock-Holmes-Autor Sir Arthur Conan Doyle war einer der Gründer des Portsmouth FC. Dort spiele er als Torhüter unter dem Pseudonym „A.C. Smith".

15. Der deutsche Ex-Nationalspieler Kevin Großkreutz wurde einst angezeigt, da er einen Kölner Fan in der Innenstadt mit einem Döner beworfen haben soll.

16. Bei der Präsidentschaftswahl 2018 in Ägypten erhielt Mohamed Salah über eine Million Stimmen. Die Ägypter strichen die Namen der beiden eigentlichen Kandidaten durch und schrieben stattdessen den Namen des Liverpool-Akteurs auf den Zettel. Hätten die Stimmen, die als ungültig gewertet wurden, gezählt, hätte Salah in etwa fünf Prozent der Gesamtanzahl erhalten.

17. Dass Cristiano Ronaldo 869 Tage älter als sein Rivale Lionel Messi ist, ist an sich nichts Kurioses. Interessant wird dieser Fakt jedoch durch die Tatsache, dass Ronaldos Sohn ebenfalls 869 Tage älter ist als der Sohn von Lionel Messi.

18. Manuel Neuer war Synchronsprecher im Trickfilm „Die Monster-Uni". Seine Stimme lieh der Torhüter der Figur „Frank McCay".

**19. Der Ukrainer Nikolai Kutsenko hält den Rekord im Fußball-Jonglieren. Ihm gelang es 1995, den Ball ohne Pausen 24 Stunden und 30 Minuten in der Luft zu halten.**

20. Beim Spiel zwischen Tottenham Hotspur und dem FC Chelsea hielt es Spurs-Verteidiger Eric Dier nicht mehr aus: Noch während des Spiels lief der Engländer auf die Toilette, um dort sein Geschäft zu verrichten.

**21. Robert Lewandowski isst zuerst das Dessert, dann das Hauptgericht und anschließend die Suppe. Dies hat den Grund, dass die menschliche Verdauung am effektivsten ist, wenn zuerst Kohlenhydrate, dann Proteine und anschließend Fett gegessen werden.**

22. Tommaso Berni verbrachte sechs Jahre seiner Fußball-Karriere bei Inter Mailand. In dieser Zeit gelang ihm das Kunststück, kein einziges Mal eingesetzt zu werden, jedoch zwei rote Karten zu erhalten.

23. Ein Rekord für die Ewigkeit ist auch jener von Josip Simunic. Der Kroate musste bei der WM 2006 Sonderschichten einlegen, um sich seine Gelb-Rote Karte abzuholen. Denn Simunic sah in dem Spiel gegen Australien dreimal Gelb, um anschließend vom Platz gestellt zu werden. Schiedsrichter Graham Poll hatte damals schlichtweg vergessen, dass er den Kroaten bereits verwarnt hatte.

**24. Poll stand schon zuvor mehrmals in der Kritik. José Mourinho sagt über den Schiedsrichter: „Herr Poll liebt die Theatralik, aber er macht sich lächerlich dabei.“**

25. Uli Hoeneß litt früher laut eigenen Angaben an Börsensucht. Dies gab er während der Steueraffäre 2014 zu, bei welcher herauskam, dass Hoeneß Steuern in Höhe von 28,5 Millionen Euro hinterzogen hatte.

26. Für dieses Vergehen wurde er am 13. März 2014 zu dreieinhalb Jahren Haft verurteilt. Entlassen wurde er jedoch schon am 29. Februar 2016.

27. Am 17. Februar 1982 überlebte der damals 30-Jährige Hoeneß als Einziger einen Flugzeugabsturz. Auf dem Weg zum Länderspiel gegen Portugal, das in Hannover stattfand, stürzte das Propellerflugzeug, welches er sich mit drei Freunden teilte, ab. Der Platz, der Hoeneß das Leben rettete? Hinten rechts.

28. In Italien wurde ein Trainer nach einem 27:0-Sieg seines Teams gefeuert. Der Grund: Er habe dem Gegner damit nicht den nötigen Respekt entgegengebracht.

29. Den offiziellen Rekord für den höchsten Sieg der Fußballgeschichte hält Australien. Die Mannschaft von Trainer Frank Farina besiegte Amerikanisch-Samoa 2001 im Rahmen eines WM-Qualifikationsspiels mit 31:0.

30. Dem Australier Archie Thompson gelangen in diesem Spiel 13 Tore. Er stellte damit den Rekord für die meisten Tore in einem Länderspiel auf.

**31. Frank Farina durfte zwar seinen Job behalten, der Erfolg blieb dennoch nicht ohne Folgen. Er war mitunter Auslöser dafür, dass Australien die Konföderation von Ozeanien verließ und fortan in Asien antrat.**

32. Bei einem Spiel in der chinesischen Super League wurde der 22-Jährige Junje Wen bereits nach 55 Sekunden ausgewechselt. Sein Einsatz beruhte auf der Liga-Regel, dass mindestens ein U23-Spieler in der Startelf stehen muss. Durch jene Einschränkung erhofft sich der chinesische Verband eine Förderung der Jugend. Ob dies der richtige Weg ist, darf angezweifelt werden.

**33. Die chinesischen Verantwortlichen hatten jedoch einen weiteren Geistesblitz, der die Förderung des heimischen Fußballs vorantreiben sollte. So sollten die U20-Junioren Chinas in der deutschen Regionalliga Südwest gegen die dortigen Teams in Testspielen antreten.**

34. Das Projekt währte nicht lange, schon im ersten Spiel gegen den TSV Schott Mainz war Schluss. Als Zuschauer Tibet-Fahnen entrollten, weigerten sich die chinesischen Akteure weiterzuspielen. Fortgesetzt wurde das Spiel zwar, es war allerdings das letzte. Der DFB beendete anschließend das Gastspiel von Chinas U20.

35. Dass Sadio Mané bei seinem ersten Treffen mit Liverpool-Trainer Jürgen Klopp zu sehr wie ein Rapper aussah, wurde dem Senegalesen fast zum Verhängnis. Aufgrund seines schlechten Eindrucks sah Klopp vorerst von einer Verpflichtung ab und begründete dies mit den Worten: „Da saß ein richtig junger Kerl. Seine Baseball-Cap war schief und er hatte diese blonde Strähne, die er heute noch trägt. Er sah aus wie ein Rapper, ich habe keine Zeit für sowas."

36. Ihre Wege kreuzten sich später dennoch. Mané wechselte von Red Bull Salzburg zum Southampton FC, wo er weiterhin stark aufspielte. Schlussendlich entschied sich Klopp doch für eine Verpflichtung des Senegalesen und lotste ihn zum FC Liverpool.

37. Der Vatikan hat eine eigene Fußballmannschaft, ist aber kein Mitglied der Fifa.

38. Da die Vatikanstadt zu klein für ein eigenes Fußballstadion ist, werden die „Heimspiele“ im Stadio Pio XII ausgetragen, das sich in der italienischen Stadt Albano Laziale befindet.

**39. Auch der Papst mag Fußball. Denn Papst Franziskus ist unter anderem Ehrenmitglied des argentinischen Fußballklubs CA San Lorenzo, des deutschen Klubs TSV 1860 München und des österreichischen Vereins Rapid Wien.**

40. Marcelo bestritt in seiner Karriere über 50 Spiele für die Nationalmannschaft Brasiliens, spielte allerdings keine einzige Partie in der Copa America.

41. Das größte Hobby des österreichischen Fußballers Martin Hinteregger ist die Jagd. Darüber hinaus spielt er gerne Ziehharmonika und macht sogar den Flugschein.

**42. Bei der WM 2010 war Neuseeland die einzige Nation, der es gelang, ungeschlagen zu bleiben. Dennoch schieden sie schon in der Gruppenphase aus.**

43. Dejan Stankovic ist der einzige Spieler, der für drei verschiedene Nationen eine WM-Partie bestritt. Er stand für Jugoslawien, Serbien & Montenegro und Serbien auf dem Feld.

44. Die FIFA hat derzeit 211 Mitgliedsstaaten, während die UNO hingegen nur 193 Länder auf der Welt anerkennt. Von den Vereinten Nationen ausgeschlossen, aber bei der FIFA dabei, sind unter anderem der Kosovo, die Cook-Inseln, Palästina und Taiwan.

**45. Chloe Hegland trug sich schon mit zehn Jahren in die Rekordbücher ein. Ihr gelang es am 12. Dezember 2006, einen Fußball in 30 Sekunden ganze 155 Mal zu berühren.**

46. Ronaldinho unterzeichnete 2011 bei seinem Klub Flamengo einen neuen Vertrag, der angeblich eine Klausel beinhaltete, die dem Brasilianer erlaubte, zweimal pro Woche feiern zu gehen.

47. Das erste im Fernsehen übertragene Fußballspiel fand am 16. September 1937 statt. Es zeigte ein Freundschaftsspiel zwischen Arsenal London und deren Reserve.

48. Emmanuel Emenike ließ sich von seiner Frau, der früheren Miss Nigeria 2013, scheiden, um anschließend die Miss Nigeria 2014 zu heiraten.

49. Die UEFA Women's Champions League erfreut sich großer Beliebtheit. Das am 2. Mai 2021 ausgetragene Halbfinal-Spiel zwischen den FC Bayern Ladies und dem FC Chelsea sahen 780.000 Zuschauer.

**50. Aston Villa hat einige der treusten Fans der Welt, die Ghana Lions. Diese kommen aus einer kleinen Region in Ashanti, Ghana. An jedem Spieltag stehen sie um 5 Uhr morgens auf, ziehen ihre Trikots an und ziehen tanzend und singend durch die Straßen.**

51. Niklas Süle wurde in seiner Zeit als U16-Spieler Hoffenheims vom türkischen Nationaltrainer kontaktiert. Dieser wollte, dass der Innenverteidiger fortan für die Türkei spielte. Das Problem: Süle ist weder Türke, noch hat er türkische Vorfahren. Der Trainer hielt den Deutschen auf Grund seines Nachnamens fälschlich für einen Türken.

52. Am 17. Mai 2007 wurde Leroy Rosenior im Presseraum des Plainmoor-Stadiums als neuer Trainer von Torquay United vorgestellt. Minutenlang philosophierte er über die Zukunft des Vereins und sprach über seine Ziele und Herangehensweise. Als die Pressekonferenz beendet war, bekam er einen Anruf von Klubbesitzer Mike Bateson. Der teilte ihm mit, dass er den Klub gerade eben verkauft hätte und Rosenior seinen Platz räumen müsse. Die Amtszeit Roseniors beläuft sich auf gerade einmal zehn Minuten.

53. Eine Zeit seiner Jugend verbrachte der schwedische Nationalspieler John Guidetti in Kenia, wo sein Vater an einem Schulprojekt in Nairobi arbeitete.

54. Die WM 2010 in Südafrika ist vor allem für eines bekannt: die Vuvuzelas. Für manche Fans waren sie eine schöne Ergänzung zu den Stadiongesängen, für andere einfach nur nervig. Fakt ist jedoch, dass die Plastiktröten eine Lautstärke von 123,4 Dezibel erreichen können. Das entspricht in etwa jener von startenden Düsenflugzeugen.

55. Crystal Palace gelang es gegen Watford, ein Spiel ohne eigenen Torschuss zu gewinnen. Bedanken konnten sie sich bei Troy Deeney, der den Ball ins eigene Tor beförderte und den Adlern somit zum Sieg verhalf.

56. Das längste Fußballspiel ereignete sich im Jahr 2010. Das Benefizspiel zwischen den „Cotswold All Stars" und „Cambray" dauerte ganze 35 Stunden. Der bescheidene Endstand? Cotswold besiegte Cambray mit 333:293.

**57. Die beiden Teams spielen normalerweise in der englischen Kirchenliga. Die Klubs sammelten mit dem Spiel über 35.000 Euro für den Bau einer Schule in Indien.**

58. Transferpannen ereignen sich im Profifußball immer wieder, die Leidtragenden sind oft die Spieler. Am eigenen Leib spürte das der Portugiese Adrien Silva. Der Mittelfeldspieler sollte am 31. August am letzten Drücker von Sporting Lissabon zu Leicester City wechseln. Da sein neuer Klub jedoch die notwendigen Unterlagen 14 Sekunden zu spät einreichte, kam der Transfer nicht zu Stande. So war Silva die nächsten vier Monate zum Zusehen verdonnert und durfte bei den Foxes lediglich mittrainieren.

59. George Alaba, der Vater von David Alaba, gelang 1997 mit seiner Partnerin Petra Suk als Duo „Two in One“ der Durchbruch. Mit dem „Indian Song“ landeten sie auf Platz zwei der österreichischen Charts.

60. David Alabas Schwester Rose May ist ebenfalls musikalisch, sie ist Sängerin in der Girlgroup BFF. Auch sie kann schon zwei Chartplatzierungen vorweisen.

61. Der Tiroler Landeshauptmann begrüßte David Alaba während eines Trainingslagers der österreichischen Nationalmannschaft auf Englisch mit „How do you do?“. Alaba antwortete: „Sie können ruhig deutsch mit mir reden, ich bin Österreicher.“

62. Ivan Perisic nahm 2017 an einem Beach-Volleyball-Major in Porec teil. Er erhielt vom Veranstalter eine Wildcard und trat mit seinem Landsmann Niksa Dell'Orco an. Sein damaliger Verein konnte froh sein, dass der Kroate schon in der Gruppenphase ausschied. Denn wäre Perisic bis ins Finale vorgedrungen, hätte er den Trainingsauftakt verpasst.

**63. Nach der WM 2010 in Südafrika erhielt der Trainerstab der deutschen Nationalmannschaft den Medienpreis Bambi. Die Laudatio hielt Mesut Özil, überreicht wurde die Trophäe von der Sängerin Shakira.**

64. Shakira ist die Ehefrau von Gerard Piqué. Die Kolumbianerin ist exakt zehn Jahre älter als der spanische Fußball-Profi.

65. Gerard Piqué belegte bei der European Poker Tour 2017 in Barcelona den fünften Platz und erhielt dadurch ein Preisgeld von 130.000 Euro. 2019 wurde er sogar Zweiter und gewann 350.000 Euro.

**66. Piqué ist zudem Präsident des FC Andorra, der sich zurzeit in der 3. Spanischen Liga befindet.**

67. Im Gegensatz zu den anderen andorranischen Vereinen, spielt der Klub nicht in der heimischen Liga, sondern nimmt am spanischen Ligensystem teil.

68. Leon Bailey sagte einst seine Teilnahme an den kommenden Länderspielen von Jamaika ab, da sein Bruder nicht einberufen wurde.

69. Sein Opa Lennart, sein Vater Leif und Emil Forsberg feierten mit 17 Jahren ihr Debüt für den GIF Sundsvall. Sie alle trugen die Nummer 10.

70. Die erste Freundin von Manchester United-Legende Sir Alex Ferguson war die Großmutter von Trent Alexander-Arnold.

71. In einer Bibel in einer Londoner Bibliothek wurden intime Fotos von den Spielern Diego Costa und Gabriel Jesus gefunden, die die beiden Akteure oberkörperfrei mit einer Frau zeigten.

72. Am 31. Oktober 2002 endete das Spiel zwischen AS Adema und SOE Antananarivo in der ersten Liga von Madagaskar 149:0. Wie solch ein Ergebnis zustande kommt? Der damalige Trainer der Gäste Saka Be ordnete aus Protest gegen den Schiedsrichter seinem Team an, ein Eigentor nach dem anderen zu erzielen.

73. Alle 40 Sekunden kamen die Zuseher in den Genuss eines Treffers.

**74. Saka Be wurde daraufhin vom madagassischen Verband für drei Jahre gesperrt.**

75. Erling Haaland sprang im Alter von fünf Jahren aus dem Stand 1,63 Meter. Der von 47 Nationen geführten „International-Age-Records-Liste“ zufolge ist das noch heute der Rekord in dieser Altersklasse.

76. Bei der U20-WM in Polen stellte Haaland einen weiteren Rekord auf. Beim 12:0-Sieg von Norwegen gegen Honduras traf der Stürmer neunmal.

77. Der Brite Darius Vassell kämpfte einst gegen eine Blutblase unter dem Zehennagel. In seiner Verzweiflung griff der damalige Akteur von Aston Villa zur Bohrmaschine. Der Versuch misslingt gewaltig, er durchbohrte seinen Zeh und fiel für drei Spiele aus. Ob er die Blutblase danach immer noch hatte, ist nicht überliefert.

**78. Noch kurioser war die Verletzungsursache des früheren englischen Nationalspielers David Betty. Er musste mehrere Monate pausieren, da ihn sein dreijähriger Sohn mit dem Bobby Car anfuhr.**

79. DJ Ötzi gab dem FC Augsburg einst das Versprechen, bei dem Erreichen eines siebten Platzes ein Privatkonzert für den Verein zu veranstalten. Vielleicht war auch dieses Versprechen ein Grund dafür, dass die Fuggerstädter in jener Saison lediglich Platz 15 erreichten.

80. Sebastian Rudy verlor bei einem Testspiel seinen Ehering.

81. Am nächsten Tag fuhr er mit seinem Teamkameraden Oliver Baumann zum Ort des Spiels zurück, wo sie den Ring wieder aufspürten.

82. Bei der Frauen-WM 2019 in Frankreich war das Maskottchen ein Huhn namens Ettie. Ettie galt als das Kind von Footix, dem Hahn, der das Maskottchen der Herren WM 1998 war. Auch diese fand in Frankreich statt.

83. Damit ein Schiedsrichter ein Fußballspiel anpfeifen darf, müssen pro Mannschaft mindestens sieben Spieler auf dem Platz stehen. Sobald einer der Akteure jedoch eine rote Karte erhält, wird die Partie abgebrochen und mit 0:3 gewertet.

**84. Bei einem Spiel zwischen Arsenal und Brighton verhöhnte Matteo Guendouzi seinen Gegenspieler Neal Maupay mit dem Satz: „Ich verdiene mehr als du jemals verdienen wirst." Plottwist: Maupay verdient laut „Sky" über 20.000 Euro mehr im Monat.**

85. Der niederländische Innenverteidiger Virgil Van Dijk arbeitete einst als Tellerwäscher.

86. Nach seinen starken Auftritten für die englische Nationalmannschaften starteten Fans eine Petition, in der sie forderten, dass ein Bild von Harry Maguire die 50-Pfund-Note zieren sollte. Das geforderte Bild? Der englische Nationalspieler reitend auf einem aufblasbaren Einhorn in der Badehose.

87. Während seiner zweiten Amtszeit beim FC Chelsea (2013–2015) drohte José Mourinho seinem Spieler Nemanja Matic in der Halbzeitpause, dass er ihn loswerden wolle. Verkauft wurde Matic jedoch erst 2017.

88. Er heuerte damals beim Ligakonkurrenten Manchester United an. Der dortige Trainer: José Mourinho.

89. In der Saison 2019/20 wettete ein Fußballfan darauf, dass Manchester United-Akteur Jesse Lingard die gesamte Saison über keinen Scorer-Punkt erzielt. Für zehn Pfund hätte der 27-Jährige 670 Pfund erhalten. Doch am letzten Spieltag machte ihm Lingard noch einen Strich durch die Rechnung. Er traf in der 98. Spielminute zum 2:0-Sieg seines Teams gegen Leicester City.

90. Johnny Evans kam dank des Computerspiels „Championship Manager“ zu seinem Debüt in der nordirischen Nationalmannschaft. Der Sohn des damaligen Assistenztrainers Terry Gibson entdeckte den Innenverteidiger und empfahl in seinem Vater. Dieser sagte es dem Cheftrainer, der Evans daraufhin einberief.

91. Aston-Villa-Kapitän Jack Grealish wurde im Derby gegen den FC Birmingham von einem gegnerischen Fan niedergestreckt. Der Profi konnte jedoch weiterspielen und rächte sich mit dem entscheidenden Tor zum 1:0-Endstand. Der Birmingham-Anhänger wurde hingegen zu 14 Wochen Gefängnis verurteilt.

**92. Der frühere Sportlehrer von Gareth Bale verbot dem jungen Waliser beim Fußball seinen linken Fuß zu benutzen, weil dieser nach Meinung des Lehrers zu stark war.**

93. Am 17. Oktober 2009 ereignete sich in der englischen Premier League etwas höchst Kurioses. Sunderland-Stürmer Darrent Bent schoss im Spiel gegen Liverpool einen Wasserball an, von welchem der Ball ins Tor abgefälscht wurde. Der Schiedsrichter gab den Treffer dennoch, wodurch Sunderland das Spiel mit 1:0 gewann.

94. Wenn man an Giovanni Trappatoni denkt, kommt einem zumeist die Wutrede in seiner Zeit als Bayern-Trainer in den Kopf. Doch der italienische Kult-Trainer gab schon als amtierender Trainer von Red Bull Salzburg eine ähnlich legendäre Pressekonferenz.

95. Nachdem er wiederholt für seine defensive Spielweise kritisiert wurde, platzte Trappatoni der Kragen. Die anwesenden Journalisten bekamen von ihm den Rüffel: „Wörter sind sehr einfach. Wer kann machen, machen. Wer kann nicht machen, sprechen. Wer kann nicht sprechen, der schreiben."

96. Nach dem Ende des zweiten Weltkriegs trugen die Vereine FC Baden (Schweiz), SC Baden-Baden (Deutschland) und der Badener AC (Österreich) untereinander den „Thermal Cup" aus. Alle Spiele endeten unentschieden. Der Sieger war jedoch nicht der Badener AC, der die meisten Tore erzielte, sondern der SC Baden-Baden. Dieser wies nämlich die beste Eckball-Differenz auf.

97. In der tschechischen fünften Liga ereignete sich 2016 ein Weltrekord. Da die Duelle in der dortigen Liga bei Unentschieden im Elfmeterschießen entschieden werden, mussten die Kontrahenten FC Frystak und SK Batov zum Punkt schreiten. Dass die Ermittlung des Siegers allerdings solange dauern würde, hat wohl keiner gedacht. 22:21 gewann der SK Batov im Elfmeterschießen, nachdem Jan Hrebecka den Ball über die Latte beförderte.

**98. Der Videobeweis sorgte schon bei so einigen Fans für Kopfschütteln. Beim Spiel zwischen den griechischen Klubs Lamia und Panathinaikos Athen erntete dieser erneut Spott. Denn eine Kamera hielt fest, wie den Video-Assistenten während des Spiels Souvlaki geliefert wurde.**

99. Indien, Schottland und die Türkei verweigerten im Jahr 1950 die Teilnahme an der damaligen Weltmeisterschaft, weil ihnen die FIFA verbot, barfuß anzutreten.

100. **Das Eigentor**

Wenn eine Mannschaft im Fußball das gegnerische Tor verteidigen muss, dann kann irgendetwas nicht stimmen. Solch eine kuriose Situation trug sich am 27.1.1994 in einem Qualifikationsspiel für den Karibik-Cup zu. Die nicht ganz durchdachten Regeln hatten zur Folge, dass Grenada zum Weiterkommen ein Eigentor benötigte, woraufhin deren Gegner Barbados neben dem eigenen Tor auch das gegnerische verteidigen musste. Doch wieso konnte Grenada ein Eigentor zum Sieg verhelfen?

Grund dafür war eine neue Regel, die erstmals in der Qualifikation für den Karibik-Cup angewendet wurde. Wenn ein Spiel nach 90 Minuten unentschieden steht, wird die folgende Verlängerung durch ein Golden Goal entschieden, das doppelt zählt.

Zudem befinden sich drei Teams in einer Qualifikations-Gruppe, in diesem Fall waren das Grenada, Puerto Rico und Barbados. Um sich als Gruppenerster zu qualifizieren, benötigte Barbados im Entscheidungsspiel gegen Grenada einen Sieg mit zwei Toren oder mehr Differenz.

Das Spiel verlief für Barbados nach Plan, es gelang dem Team mit 2:0 in Führung zu gehen. In der 83. Spielminute gelang Grenada jedoch der Anschlusstreffer, woraufhin Barbados einen weiteren Treffer benötigte. Da es kurz vor Schluss immer noch 2:1 stand, hatte der Trainer einen Einfall: Man sollte freiwillig das 2:2 erhalten, um in der anschließenden Verlängerung mehr Zeit zu haben, um die nötige Differenz von zwei Toren herzustellen. Aufgrund der neuen Golden Goal Regel zählte ja ein Treffer in der Verlängerung wie zwei, womit Barbados statt nur noch drei Minuten zusätzliche 30 Minuten in der Verlängerung hätte.

Ein Eigentor von Barbados-Verteidiger Sealy führte kurz vor Spielende zum 2:2, wodurch es nach Verlängerung roch. Doch auch Grenada wusste, dass dies eher zu ihrem Nachteil wäre. Sie mussten also unbedingt ein Tor erzielen. Dabei war es egal, ob ins eigene oder in jenes des Gegners.

So musste Barbados zwei Tore verteidigen, was ihnen tatsächlich gelang. In der Verlängerung entwickelte sich anschließend wieder ein normales Fußballspiel, bei dem beide Teams ein Tor zum Aufstieg benötigten. Barbados gelang in der Verlängerung tatsächlich noch der Siegestreffer, der trickreiche Plan hatte also funktioniert: Barbados qualifizierte sich als Tabellenerster für den Karibik-Cup in Trinidad und Tobago.

Dort schieden sie jedoch schon in der Gruppenphase aus. Die Golden-Goal-Regel wurde anschließend nie wieder angewandt.

Grenadas Nationaltrainer James Clarkson beklagte sich nach der Partie: „Die Person, die diese Regeln erfunden hat, muss ein Kandidat fürs Irrenhaus sein. Unsere Spieler wussten nicht einmal, in welche Richtung sie angreifen mussten: Auf unser Tor oder auf deren Tor."

101. Brasilien ist das einzige Land, das seit 1930 an allen Weltmeisterschaften teilnahm.

**102. Die einzigen Länder, die gegen Brasilien ungeschlagen sind, sind Norwegen und Senegal.**

103. Das Fußballstadion von Leicester City, das auf den Namen „King Power Stadium" hört, ist ein hochmodernes Fußballstadion. Die einzige Ausnahme bildet die Gästekabine. Diese besteht weiterhin aus Holzbänken und ein paar Haken an der Wand.

104. Bei einem Duell in der ersten Liga Ecuadors wurde die Partie schon nach rund zehn Minuten abgebrochen. Der Grund: Aggressive Bienen hatten die Fußballer der beiden Teams attackiert. Auch ein herbeigerufener Imker konnte die Tiere nicht vertreiben.

105. Hilmar Leon Jakobsen war auf den Färöer-Inseln ein erfolgreicher Handball-Spieler. Aufgrund der Corona-Pandemie wurde der Handball-Betrieb auf den Inseln jedoch eingestellt. Um sich dennoch fitzuhalten, trainierte Jakobsen bei der Reserve des färöischen Fußballklubs HB Torshvan mit. Nach guten Leistungen wurde er in die erste Mannschaft befördert, wo er weiterhin überzeugte. In 17 Spielen gelangen dem Fähringer starke zwölf Tore, womit er maßgeblich zum Meistertitel beitrug. Seine Leistungen wurden belohnt, Jakobsen wurde sogar in die Nationalmannschaft der Färöer-Inseln einberufen.

106. Andreas Ulmer von Red Bull Salzburg lief bei einem Champions-League-Qualifikationsspiel irrtümlicherweise in einem Trikot von Schwesterklub RB Leipzig auf. Die Erklärung: Fehlerhafte Lieferung des Herstellers.

107. Normalerweise ist Red Bull der Brustsponsor der Mozartstädter. Der jüngste Startelfspieler der Bullen hat jedoch stets das Logo des Fruchtsaftherstellers Rauch auf der Brust.

**108. Der ehemalige KSC-Trainer Winnie Schäfer ärgerte sich in einer Pressekonferenz über eine vermeintliche Niederlage. Daraufhin klärte ihn ein Journalist darüber auf, dass sein Team tatsächlich unentschieden gespielt hat. Der deutsche Trainer hatte dies schlichtweg nicht mitbekommen.**

109. Als der Brasilianer Ronaldo einst zu Inter Mailand wechselte, bekam er die zuvor an Ivan Zamorano vergebene Nummer neun. Der übergangene Zamorano wählte daraufhin die 18 als neue Nummer und ließ sich vom Zeugwart ein kleines Pluszeichen zwischen die Ziffern eins und acht nähen.

110. Als erster Feldspieler im Profi-Fußball lief der Marokkaner Hicham Zerouali mit der 0 auf dem Rücken auf.

**111. Der spanische Fußballer Mario Martinez Rubio von CD Numancia gewann im Jahr 2008 die spanische Weihnachtslotterie.**

112. In der Saison 1983/84 der dritten rumänischen Liga hatte der Tabellenzweite UM Timisoara lediglich drei Punkte Vorsprung auf den Tabellenletzten Minerul Aninosa.

**113. Das schnellste Tor in einem EM-Finale erzielte Luke Shaw bei der EM 2020. Er benötigte nur 116 Sekunden, um den Ball ins Tor zu befördern.**

114. Im Mai 2016 wurde das Premier-League-Spiel zwischen Manchester United und AFC Bournemouth abgesagt, weil im Stadion Sprengstoff gefunden worden war. Wie sich später herausstellte, war dies lediglich eine Attrappe, die die Mitarbeiter einer Sicherheitsfirma bei einem Sicherheitstraining am Vortag aus Versehen im Stadion vergessen hatten.

115. Der Trainer Nicolo Napoli führte eine turbulente On-Off-Beziehung mit dem rumänischen Klub FC U Craiova 1948. Schon sieben Mal war er dort Trainer, zuletzt verließ er den Verein im Jahr 2020.

116. Manche Fußballer können einfach nicht aufhören. So ergeht es auch dem Japaner Masashi Miura. Der 53-Jährige Japaner stand 2020 in der Startelf seines Klubs Yokohoma FC und stellte damit einen neuen Altersrekord auf. Er ist der älteste Profi, der bei einem Erstligisten unter Vertrag steht.

117. Miura wurde im selben Jahr geboren wie Jürgen Klopp, Massimiliano Allegri und Paul Gascoigne.

118. José Mourinho fiel bei einem Auswärts-Spiel mit seinem Verein Tottenham Hotspur auf, dass die Tore des Gastgebers Shjendija Tetovo zu klein waren. Die UEFA bestätigte daraufhin, dass der Abstand von der Linie zur Latte um fünf Zentimeter zu kurz war. Die Tore wurden ausgetauscht, die Spurs gewannen die Partie mit 3:1.

119. Grönland wird die Mitgliedschaft in der FIFA mitunter deswegen verwehrt, weil auf der Insel zu wenig Gras vorhanden ist.

120. Ronaldinho rief im Jahr 2005 vor dem anstehenden Duell gegen Real Madrid in der Nacht jeden Mitspieler an und erzählte ihnen, dass er zu dem Kontrahenten wechseln werde, sie allerdings mit niemanden darüber sprechen dürften. Seine Teamkameraden hielten dicht, bei der Kabinenansprache klärte sie Ronaldinho über den Test auf. Barcelona gewann die Partie mit 3:0, der Brasilianer erzielte einen Doppelpack.

**121. Axel Tuanzebe bekam 2018 einen Eintrag im Guinness-Buch der Weltrekorde, da er das Tischspiel Hungry Hungry Hippos in lediglich 17,36 Sekunden beendete.**

122. Weil er sieben Mal gegen die Wettregeln der FA verstoßen hatte, wurde Kieran Trippier für zehn Wochen vom Fußballbetrieb ausgeschlossen. Darüber hinaus erhielt er eine Strafe von 77.000 Euro.

**123. Der Argentinier Martin Palermo schaffte es in einem Copa-America-Spiel gegen Kolumbien, ganze drei Elfmeter zu verschießen. Das sicherte ihm einen Platz im Guinness-Buch der Weltrekorde.**

124. Die Mutter von Leroy Sané holte bei den olympischen Spielen 1984 eine Medaille in der Rhythmischen Sportgymnastik.

125. Bei einem Qualifikationsspiel für die Europa-League zwischen Admira Wacker Mödling und Slovan Liberec ging so ziemlich alles schief. Der türkische Schiedsrichter Halis Özkahya musste wegen einer Wadenverletzung ausgetauscht und die Partie dreimal wegen eines defekten Flutlichts unterbrochen werden. Zu allem Überfluss stürmte kurz vor dem Spielende auch noch ein Flitzer auf den Rasen.

126. Der Brasilianer Somalia verschlief nach einer langen Nacht das Auftakttraining seines Klubs. In seiner Not brauchte der Akteur des Vereins Botafogo Rio de Janeiro eine Ausrede. So kam er auf die Idee, seine Entführung vorzutäuschen und die erfundene Straftat bei der Polizei anzuzeigen. Diese wertete, zu Somalias Überraschung, dessen eigene Überwachungskameras aus. Die zeigten, dass Somalia erst gegen 4:00 heimkam und das Haus gegen 9:00 früh verließ. Da sich dies nicht mit seinen Aussagen deckte, flog der Betrug auf. Der Brasilianer wurde daraufhin zu einer Spende von umgerechnet 13.000 Euro für Flutopfer verurteilt.

127. Weil Borussia Mönchengladbachs Stürmer Marcus Thuram beim Champions-League-Duell gegen Inter Mailand seinen Ausweis vergessen hatte, wurde ihm von einem Ordner der Zutritt zum Stadion verwehrt. Also googelte sich der Franzose selbst, um doch noch reingelassen zu werden. Dies überzeugte den Ordner, der Thuram daraufhin ins Stadion ließ.

128. Clarence Seedorf ist der einzige Spieler, der die Champions-League mit drei verschiedenen Vereinen gewann. Er holte sowohl mit Ajax Amsterdam als auch mit Real Madrid und AC Mailand den Pokal.

129. José Mourinho blieb mit seinen Teams FC Porto, FC Chelsea, Inter Mailand und Real Madrid zwischen 2002 und 2011 insgesamt 150 Liga-Heimspiele in Folge ungeschlagen.

**130. Bei einem Spiel in einer andalusischen Amateur-Liga zwischen den Vereinen Recreativo Linense und Saladillo Algeciras zeigte Schiedsrichter Jose Manuel Barro Escandón in Folge eines Spielabbruches 19 rote Karten.**

131. An der Frage, wer die schnellste rote Karte überhaupt kassiert hat, scheiden sich die Geister. Ein heißer Anwärter auf diesen Titel ist Walter Boyed. Bei einem Spiel seines damaligen Vereines Swansea FC im Jahr 1999 brauchte er nicht einmal eine Sekunde, um wieder vom Platz geschickt zu werden. Er schlug nämlich noch während seiner Einwechslung einem Gegenspieler ins Gesicht, worauf er die rote Karte sah.

132. Endstand 0,5:0? Solch ein Ergebnis ist eigentlich nicht typisch für den Fußballsport. Doch tatsächlich soll ein Spiel mit diesem Ergebnis geendet haben. Bei einem Spiel in den 1940er-Jahren im brasilianischen Bundesstaat Paraíba platzte ausgerechnet beim Elfmeter der Ball. Kurios: Die Luftblase flog ins Tor, die lose Lederhülle nicht. Der amtierende Schiedsrichter rätselte lange bezüglich seiner Entscheidung und entschied sich schlussendlich dazu, ein halbes Tor zu geben.

133. Beim WM-Viertelfinale zwischen England und Argentinien verwies Schiedsrichter Rudolf Kreitlein den argentinischen Akteur Antonio Rattín vom Feld. Da sich dieser weigerte, den Platz zu verlassen, musste er sogar von Polizisten abgeführt werden. Noch während seines Abtransportes wurde er von den Zusehern mit Schokoriegeln beworfen. Rattín reagierte darauf gelassen und aß sie einfach auf.

134. Da der WM-Pokal sehr wertvoll ist, müssen ihn die Weltmeister nach der Feier wieder zurückgeben. Um dennoch ein Andenken an die Errungenschaft zu haben, bekommen die Spieler jedoch eine vergoldete Nachbildung der Trophäe.

**135. 1979 musste im schottischen Pokalwettbewerb das Duell zwischen den Klubs Falkirk und Inverness Thistle ganze 29 Mal verschoben werden. Ursprünglich angesetzt wurde die Partie für den 8. Januar, gespielt werden konnte das Match jedoch erst am 22. Februar.**

**136. Zur Feier des 644. Tors von Lionel Messi für den FC Barcelona ließ sich die Biermarke Budweiser etwas ganz Besonderes einfallen. Die Brauerei schickte jedem Torhüter, der gegen Messi ein Tor kassiert hatte, eine personalisierte Bierflasche pro Gegentor zu. So erhielt der frühere spanische National-Torhüter Iker Casillas ganze 17 Bierflaschen. Die meisten Flaschen wurden Diego Alves zugesendet, der während seiner Zeit bei den Vereinen FC Valencia und UD Almería 21 Gegentore von Messi verkraften musste.**

137. Die Vereine Red Bull Salzburg und Rasenballsport Leipzig verbindet eine enge Beziehung. Denn hinter beiden Klubs steht der Getränkehersteller Red Bull. Diese Beziehung ist so eng, dass es schon 25 Transfers zwischen den beiden Teams gegeben hat. Unter anderem wechselten die Ex-Salzburger Marcel Sabitzer, Peter Gulacsi und Dayot Upamecano von der Mozartstadt nach Leipzig.

138. Usain Bolt ist eigentlich Sprinter und hat in dieser Disziplin etliche Weltrekorde aufgestellt. Er gehört wohl zu den größten Sportlern, die unser Planet jemals gesehen hat. Da der Jamaikaner jedoch auch ein bekennender Fußballfan ist, wollte er sich auch in diesem Sport versuchen. Er absolvierte ein PR-Training bei Borussia Dortmund und trainierte zur Probe bei dem norwegischen Erstligisten Strömsgodset IF und bei dem australischen Verein Central Coast Mariners. Für Letztere kam er zwar in einem Testspiel zum Einsatz, für einen Vertrag reichte es allerdings nicht.

139. In der Geschichte des spanischen Pokals „Copa del Rey" konnte tatsächlich ein ausländischer Klub den Titel gewinnen. Dem schottischen Verein Motherwell FC gelang es im Jahr 1927, den spanischen Top-Klub Real Madrid in einem inoffiziellen Finale mit 3:1 zu besiegen.

140. Der offizielle Spitzname der australischen Nationalmannschaft lautet „Socceroos".

141. Im Iran dürfen Frauen nur mit Kopftuch Fußball spielen.

142. Das torreichste WM-Spiel aller Zeiten war jenes zwischen den Ländern Österreich und Schweiz. Das Aufeinandertreffen der beiden Nachbarländer endete mit 7:5 für die Österreicher, die schon nach 23 Spielminuten mit 0:3 zurücklagen.

**143. Beim WM-Gruppenspiel zwischen Deutschland und Ghana trafen mit den Brüdern Jérôme Boateng und Kevin Prince Boateng zum ersten Mal in der Geschichte des Wettbewerbs zwei Brüder aufeinander.**

144. Dass es auch noch einen dritten Boateng gibt, wissen die wenigsten. Doch anstatt auch Fußball-Profi zu werden, entschied sich George Boateng für die Straßen von Berlin. Nach einer Prügelei saß er acht Monate lang im Gefängnis. Mittlerweile versucht sich George Boateng als Rapper.

145. Um es den gegnerischen Verteidigern zu erschweren, ihn zu stoppen, greift der muskulöse Flügelspieler Adama Traoré zu einem ganz besonderen Trick. Vor dem Spiel reibt sich der Spanier die Arme und Beine mit Babyöl ein. Damit ist es für die gegnerischen Spieler schwieriger, ihn zu fassen.

146. Dieser Trick resultierte mitunter aus dem Umstand, dass sich Adama Traoré in einer Saison vier Mal die Schulter auskugelte.

**147. Die längste Anreisezeit zur ersten Weltmeisterschaft, die 1930 in Montevideo stattfand, hatte Rumänien. Das Land musste mit dem Schiff anreisen und war insgesamt zwei Wochen unterwegs.**

148. Emmanuel Dennis verweigerte die Reise seines Teams FC Brügge zu einem Champions-League-Spiel gegen Borussia Dortmund, da er nicht auf seinem Platz sitzen durfte. Sheldon Cooper lässt grüßen.

149. Die brasilianische Ikone Ronaldo ist Eigentümer des spanischen Vereines Real Valladolid.

150. Zehn Prozent der Einwohner Islands begleiteten ihre Fußballmannschaft 2016 zur Europameisterschaft in Frankreich, wo das Team bis ins Viertelfinale vordrang.

151. Hugo Lloris ließ sich in seinem Vertrag bei Tottenham eine Klausel einbauen, die ihm auch bei Niederlagen eine Prämie von 4.000 € garantiert.

**152. Drei Fans aus St. Petersburg begaben sich auf eine 11.512 Kilometer lange Reise quer durch Russland, um das Auswärtsspiel ihres Teams in Wladiwostok zu sehen.**

153. Der Honda, mit dem sie ihre Reise bestritten haben, steht heute im Museum von Zenit St. Petersburg.

154. In der Saison 1992/93 gewann der AC Milan die Serie A mit nur 36 erzielten Toren in 34 Spielen. Die Klubs Atalanta Bergamo und Udinese Calcio trafen nur einmal weniger und stiegen ab.

**155. In dieser Spielzeit mussten die Mailänder allerdings lediglich 15 Gegentreffer hinnehmen.**

156. Der Fußballverein Manchester United hat seit dem Jahr 1937 in jedem Spiel mindestens einen Spieler aus der eigenen Jugend auf dem Platz. Das sind in Summe über 4.000 Spiele am Stück.

157. Der FC Liverpool beschäftigt seit dem Jahr 2018 mit dem Dänen Thomas Grönnemark einen eigenen Einwurftrainer.

158. Mittlerweile zählen auch die Vereine Ajax Amsterdam, KRC Genk und der FC Midtylland zu den Klienten des Dänen.

159. Die Forest Green Rovers aus England sind der erste klimaneutrale Klub der Welt.

160. Der Verein serviert seinen Spielern ausnahmslos veganes Essen und spielte in der Saison 2020/21 erstmals in einem Trikot aus Kaffeeresten.

161. Kevin-Prince Boateng wechselte in 13 Jahren ganze 15 Mal den Verein. So spielte er unter anderem in Italien, Spanien, Deutschland und England.

**162. Der Ägypter Ezzeldin Bahader, der beim ägyptischen Drittligisten „Al Ayat Sports“ unter Vertrag steht, ist mit 74 Jahren der älteste Fußball-Profi der Welt. Des Öfteren sitzen sogar seine Enkelkinder im Publikum.**

163. Zlatan Ibrahimovic hat für sieben verschiedene Vereine gespielt, die allesamt die Champions League gewonnen haben. Er selbst konnte den Wettbewerb jedoch noch nicht gewinnen.

164. Das größte Fußball-Stadion der Welt ist weder in Spanien noch in England, Italien oder Deutschland zu finden. Das „Stadion Erster Mai" befindet sich in der Stadt Pjöngjang in Nordkorea und hat eine Kapazität von 114.000 Plätzen.

165. Das Nationalteam Nordkoreas trägt seine Spiele jedoch im „Kim-Il-sung-Stadion" aus, in welches lediglich 50.000 Zuseher passen.

166. Das zweitgrößte Fußballstadien der Welt befindet sich mit dem „Melbourne Cricket Ground" in Australien (Kapazität von 100.024), wird aber vorwiegend für andere Sportarten verwendet. Knapp dahinter befindet sich das Camp Nou in Barcelona, welches 99.354 Zusehern Platz bietet..

**167. Die Entscheidung eines Schiedsrichters in einem Fußballspiel zwischen Peru und Argentinien führte im Jahr 1964 zu einem Aufstand, bei dem über 300 Fans getötet wurden.**

168. Youssoufa Moukoko ist der jüngste Debütant in der Geschichte der Champions League. Er löste am 8. Dezember 2020 den nigerianischen Linksverteidiger Celestine Babayaro ab. Bei seinem Debüt in der Königsklasse war Moukoko 16 Jahre und 18 Tage alt.

169. Der jüngste Torschütze in der Champions League ist er jedoch nicht. Diesen Rekord hält Ansu Fati vom FC Barcelona, der bei seinem ersten Treffer 17 Jahre und 40 Tage alt war.

170. Der Deutsche Max Kruse erzählte in einem Livestream auf der Plattform „Twitch“, dass er während seiner Zeit in Istanbul beinahe sein Bett mit einer Sisha-Pfeife abgefackelt habe.

171. Die Ausstiegsklausel des Franzosen Karim Benzema bei seinem Verein Real Madrid beträgt eine Milliarde und ist damit die höchste Ausstiegsklausel im Weltfußball.

**172. Der Spitzname von Paul Pogba lautet „Oktopus“.**

173. Bei der Fußball-WM 2002 traf der Südkoreaner Ahn Jung-hwan in der Nachspielzeit der Achtelfinal-Begegnung gegen Italien zum 2:1 und warf die Italiener damit aus dem Wettbewerb. Am darauffolgenden Tag gab sein italienischer Verein „AC Perugia“ bekannt, dass der auslaufende Kontrakt des Stürmers nicht verlängert werde.

174. Vereinspräsident Luciano Gaucci begründete dies in einem Interview folgendermaßen: „Wer Italien eliminiert, kommt nicht mehr zu uns zurück.“

175. Der Norweger Jone Samuelson traf in einem Ligaspiel aus 57 Metern, also aus der eigenen Hälfte, ins gegnerische Tor – per Kopf.

**176. Der italienische Torhüter Gianluigi Buffon gab bei dem 4:0-Sieg Italiens gegen Liechtenstein einem auf das Spielfeld gestürmten Zuschauer während des laufenden Spiels ein Autogramm. Ein Tor kassierte er deswegen nicht.**

177. Carlos Kaiser, der eigentlich Carlos Henrique Raposo heißt und aus Brasilien stammt, gelang es ohne großes fußballerisches Talent, bei mehreren Profi-Vereinen unter Vertrag zu stehen. In seiner Laufbahn als Fußball-Profi war er unter anderem bei den brasilianischen Top-Klubs Fluminese, Botafogo und Vasco da Gama angestellt. Zudem soll er auch bei dem französischen Verein FC Ajaccio gespielt haben.

**178. Fußball-Trainer Julian Nagelsmann hört in seiner Freizeit gerne Vereinshymnen. Auf Platz eins steht für ihn „Hala Madrid" von Real.**

179. In einem Spiel in der fünften Liga Argentiniens entwickelte sich die hitzige Partie zwischen Claypole und Victoriano Arenas zu einer Massenschlägerei. Der anwesende Schiedsrichter Damian Rubino zeigte allen Spielern auf dem Platz und der Einwechselbank und den beiden Trainern die rote Karte. Insgesamt erteilte er 36 Platzverweise – Weltrekord.

**180. Im Jahr 2010 beantragten BVB-Anhänger bei Google Street View die Verpixelung des Schalker Stadions. Die Begründung: Es sei zu hässlich.**

181. Während ihrer Zeit in Kaiserslautern ließen es die Spieler Tobias Sippel, Thanos Petsos und Ivo Ilicevic ordentlich krachen. In einer Nacht gingen sie zunächst feiern, rammten anschließend mit dem BMW von Sippel ein parkendes Auto, begangen Fahrerflucht und suchten danach noch ein Bordell auf.

182. Paul Gascoigne gab an, im Jahr 2002 vor einem Spiel dreieinhalb Flaschen Wein, zwei dreifache Brandys und 13 Schlaftabletten zu sich genommen zu haben. An die Begegnung konnte er sich am nächsten Tag nicht mehr erinnern.

183. Nahuel Guzmán vom mexikanischen Klub Tigres UANL sicherte sich in seinem Vertrag eine Klausel, durch welche er den Verein trotz auslaufenden Vertrages verlassen dürfte, sollte Lionel Messi zu seinem Ex-Klub, den Newell's Old Boys, zurückkehren.

184. Doch auch Superstar Messi ließ sich eine kuriose Klausel in seinen Vertrag schreiben. Denn sollte die spanische Region Katalonien unabhängig werden und sich vom restlichen Land lösen, dürfte der Argentinier den FC Barcelona ablösefrei verlassen.

**185. In der Bezirksliga wurde ein Spiel des 1. FC Garmisch-Partenkirchen abgesagt, weil auf dem Spielfeld Unmengen an Fuchskot gefunden worden ist. Laut dem Verein fehlten „Zeit, Personal und Fachwissen", um die Exkremente zu entfernen.**

186. Der schwedische Verein AIK Solna wurde 1998 mit der mickrigen Ausbeute von 25 Treffern schwedischer Meister. So wenige Tore erzielte kein anderes Liga-Team.

187. Vor dem anstehenden FA-Cup Duell des Achtligisten FC Marine gegen den Top-Klub Tottenham Hotspur bekam der Amateurklub Unterstützung der beiden Vereine Liverpool und Everton. Die Klubs stellten dem Underdog, der aus der Nähe von Liverpool stammt, sowohl umfangreiches Videomaterial von Tottenham als auch Trainingsmöglichkeiten auf den Vereinsgeländen beider Vereine zur Verfügung.

188. Recht viel half dies leider nicht, der FC Marine musste sich dem Premier-League-Team mit 0:5 geschlagen geben.

**189. Álvaro Morata beförderte im Jahr 2020 den Ball ganze 18 Mal ins Tor. Elf dieser Treffer wurden jedoch aufgrund einer Abseitsstellung wieder zurückgenommen.**

**190. Benjamin Agüero gilt trotz seines Alters von 12 Jahren als zukünftiger Weltstar. Doch nicht etwa aufgrund seiner fußballerischen Fähigkeiten, sondern viel mehr wegen seiner berühmten Verwandten. Seiner Vater ist Sergio Agüero, sein Opa Diego Maradona und sein Taufpate Lionel Messi.**

191. Lucas Piazon stand neun Jahre lang beim FC Chelsea unter Vertrag. In dieser Zeit absolvierte er lediglich drei Spiele und wurde sieben Mal verliehen.

192. Zlatan Ibrahimovic zwang den Franzosen Pierre Kalulu vor seinem Debüt für den AC Milan dazu, seine Handschuhe auszuziehen, da er den Gegnern ansonsten keine Angst mache.

**193. Da der Schiedsrichter bis zur Saison 2019/20 laut Regelwerk „Luft " war, hätte ein Tor eines solchen gezählt.**

194. So eine Szene gab es schon einmal in einer niederländischen Amateurliga. Dort traf der Unparteiische Maurice Paarhuis per Abpraller.

195. Der Spanier David Barral ist der erste Spieler, der mit Kryptowährung verpflichtet wurde. Der spanische Drittligist Internacional de Madrid finanzierte den Transfer vermutlich mit Bitcoins.

**196. Newport Countys Torhüter Tom King erzielte in der vierthöchsten Spielklasse Englands ein Tor per Abstoß. Er traf aus exakt 96,01 Metern.**

197. Die meisten aufeinanderfolgenden Hattricks hat der Japaner Masashi Nakayama 1998 gemacht. Er traf in vier aufeinanderfolgenden Spielen mindestens dreimal. In den vier Spielen kam er auf insgesamt 16 Tore.

198. Celtic Glasgow besiegte den FC Barcelona im Jahr 2012 mit lediglich 11% Ballbesitz.

**199. Toni Kroos gelang es, 1372 Minuten ohne einen Fehlpass zu spielen. Das sind in etwa 15 Spiele.**

200. **Die Empfehlung**

Der Name Ali Dia ist den meisten Leuten wahrscheinlich unbekannt. Auch für Southampton-Trainer Graeme Souness war Ali Dia bis zum Jahr 1996 ein Unbekannter. In diesem Jahr bekam Souness vom ehemaligen FIFA-Weltfußballer und liberianischen Nationalspieler George Weah einen Tipp: Sein Cousin Ali Dia sei ein vielversprechendes junges Talent. Er habe bereits 13 Einsätze für die senegalesische Nationalmannschaft und einige Spiele für Paris St.-Germain absolviert und sei gerade auf der Suche nach einem neuen Verein.

Souness wollte schnell sein und Dia verpflichten, bevor ihm ein anderes Team zuvorkommen konnte. Ein Vertrag für einen Monat wurde ausgestellt, immerhin wollte er seinen Neuzugang trotzdem zuerst noch kennenlernen, bevor er ihm einen längerfristigen Vertrag ausstellte. Am 23. November 1996 spielte der FC Southampton gegen Leeds United. Ali Dia saß auf der Ersatzbank, er sollte eigentlich erst in der Reservemannschaft eingesetzt werden, aber einige verletzungsbedingte Ausfälle ermöglichtem ihm sein Debüt gegen Leeds. In der 32. Minute wurde er für Matthew Le Tissier eingewechselt und konnte sein Talent zeigen. Den Trainer konnte er aber nicht überzeugen: In der 85. Minute, also nach 53 Minuten Spielzeit, wurde er wieder ausgewechselt. Souness war von der schlechten Leistung Dias erschüttert. Der Vertrag wurde schon nach einem Spiel aufgelöst.

Irgendjemand hat sich mit Souness und Southampton wohl einen Streich erlaubt, denn der George Weah, der ihm Ali Dia empfohlen hatte, war nicht der echte George Weah. Es hat sich schlicht und ergreifend einfach jemand als Weah ausgegeben. Und Ali Dia war weder ein Akteur der senegalesischen Nationalmannschaft noch ein Spieler für Paris St.-Germain.

201. Bert Trautmann spielte im Jahr 1956 in dem Finale des FA-Cups 20 Minuten lang mit einem Genickbruch.

202. Marco Asensio verpasste im Jahr 2017 ein Spiel seines Vereins Real Madrid, weil sich ein Pickel beim Rasieren seines Fußes entzündet hatte.

203. Der brasilianische Fußball-Profi Hulk trennte sich im Juli 2019 von seiner Frau, mit der er 12 Jahre lang zusammen war und mit der er drei Kinder hat. Ein Jahr später bestätigte er, dass er sich mit der Nichte seiner Ex-Frau verlobt habe.

204. Lionel Messi verdient beim FC Barcelona 138.809.405 € im Jahr. Das sind 380.039,44 € am Tag und 15.834,98 € in der Stunde.

**205. Der FC Southampton verlor innerhalb eines Jahres zweimal mit 0:9. Das erste Mal gegen Leicester City, das zweite Mal gegen Manchester United.**

206. Bei beiden Niederlagen war Ralph Hasenhüttl der Trainer. Entlassen wurde er trotz der Debakel nie.

207. Ajax Amsterdam verpasste es in der Saison 2020/21, seinen Rekordneuzugang Sebastien Haller, für den 22,5 Millionen Euro gezahlt worden waren, für die Europa League zu nominieren.

208. Der 39-Jährige Torhüter Nelson Ramos traf in der zweiten kolumbianischen Liga in drei aufeinanderfolgenden Spielen per Freistoß.

209. Der SC Freiburg brauchte für 700 Bundesliga-Spiele lediglich vier Trainer. So viele entließ der FC Schalke 04 in der Saison 2020/21.

210. Der Weltrekordhalter Sebastián Abreu spielte für die meisten Vereine überhaupt. In seiner Karriere stand er bei 31 verschiedenen Klubs unter Vertrag.

**211. Der ehemalige uruguayische Nationalspieler absolvierte in seiner Laufbahn als Fußball-Profi über 830 Pflichtspiele, in denen er über 430 Tore erzielte. Darüber hinaus wurde er in verschiedenen Ligen elf Mal Torschützenkönig.**

212. Der Ex-Schalke-Spieler Donis Avdijaj wurde zu 40 Stunden Sozialdienst verurteilt, weil er Polizisten als „Schlaumeier" beschimpft hatte und sich hinterher über deren Gehalt lustig gemacht haben soll.

213. Das erinnert an den Spruch von Marko Arnautovic, der vor einem Polizisten damit prahlte, dass er „genug verdiene, um sich dessen Leben zu kaufen."

214. Arnautovic brachte im Jahr 2020 einen eigenen Gin auf den Markt. Dieser trägt den ausgefallenen Namen „Arnautovic Gin“.

215. Die ehemalige Fußballprofi Paolo Maldini blieb dem Sport auch nach seiner Karriere treu, jedoch wechselte er zu der Sportart Tennis. Im Jahr 2017 nahm er mit mittlerweile 49 Jahren erstmals an einem Challenger-Turnier teil.

216. Dieses verlief jedoch wenig erfolgreich, gemeinsam mit seinem Trainer Stefano Landonio unterlag er im Doppel dem Polen Tomasz Bednarek und dem Niederländer David Pel mit 1:6 und 1:6.

217. Auch der Uruguayer Diego Forlán wäre fast Tennis-Profi geworden. In seiner Jugend war er ein erfolgreicher und talentierter Spieler, schlussendlich entschied er sich jedoch für den Fußball.

**218. Diese Entscheidung machte sich bezahlt. Forlan gewann den goldenen Ball der Weltmeisterschaft 2010, zweimal den goldenen Schuh der UEFA und erhielt sogar das Ritterkreuz des Orden de Isabel la Católica.**

219. Oliver Kahn ist der erste und einzige Torhüter, der den Goldenen Ball gewinnen konnte.

**220. Bis zum Jahr 1913 trugen Torhüter Trikots mit der-gleichen Farbe wie die Feldspieler.**

221. Joey Barton ist den meisten Premier-League-Fans für folgende Dinge bekannt: Schlägereien, Alkohol und Skandale. So wettete er einst gegen seine eigene Mannschaft, verprügelte Mitspieler und trank regelmäßig Alkohol. Im Jahr 2004 steckte er sogar einem Jugendspieler eine Zigarre ins Auge.

222. Da ihn einst eine Kamera dabei filmte, wie er zusammen mit zwei anderen Personen einen Passanten zusammenschlug, wurde Barton sogar zu einer halbjährigen Haftstrafe verurteilt. Nach 74 Tagen wurde er frühzeitig entlassen.

**223. Beim ersten Gruppenspiel der WM 2018 zwischen Kroatien und Nigeria verweigerte Angreifer Nikola Kalinic seine Einwechslung. Daraufhin suspendierte ihn der kroatische Verband und schickte den Stürmer umgehend nach Hause. Kalinic bereut seine Entscheidung vermutlich, denn ohne ihn erreichten die Kroaten das WM-Finale, der bisher größte fußballerische Erfolg des Landes.**

224. Im Jahr 2014 wurde Marco Reus dabei erwischt, wie er ohne Führerschein am Steuer eines Aston Martin saß. Dabei kam heraus, dass Reus zwischen 2011 und 2014 mehrmals ohne Fahrerlaubnis ein Auto lenkte.

225. Anfang Juli 2013 gründete die TSG 1899 Hoffenheim mit der „Trainingsgruppe 2" ein umstrittenes Projekt. In dieser sollten jene Profis trainieren, die beim Trainer in Ungnade gefallen sind und keine Rolle mehr spielten. Zu dieser gehörten die Profis Tobias Weis, Edson Braafheid, Eren Derdiyok, Matthias Jaissle, Mathieu Delpierre, Afriyie Acquah und Tim Wiese.

226. Tim Wiese schlug wenige Zeit später eine Karriere als WWE-Wrestler ein.

227. Cristiano Ronaldo beschäftigt einen eigenen Schlaftrainer.

**228. Der portugiesische Superstar schläft nach einem ganz eigenen Prinzip: Er schläft nämlich fünf Mal am Tag für jeweils 90 Minuten. Das alles in Embryohaltung auf stets frisch überzogenem Bett.**

229. Seine Frau Georgina Rodriguez verbietet dem Portugiesen, die Glühbirnen zu wechseln, weil dies zu gefährlich für ihn sei.

230. Kaka erhielt seinen Spitznamen, weil sein Bruder dessen eigentlich Namen „Ricardo" nicht aussprechen konnte und ihn deswegen „Caca" nannte.

231. Lev Yashin ist der bislang einzige Torhüter, der zu „Europas Fußballer des Jahres“ gekürt wurde.

**232. Levin Öztunali ist der Enkel von Uwe Seeler.**

233. Der englisch-nigerianische Fußballprofi Saheed Adebayo Akinfenwa gilt als „stärkster Fußballprofi der Welt“. Er ist Hobbybodybuilder und bringt bei einer Größe von 1,80 Metern ganze 100 kg Muskelmasse auf die Waage.

234. Akinfenwas Spitzname lautet deswegen wenig verwunderlich „The Beast“.

235. Der größte Fußball-Profi der Welt ist der Belgier Kristof Van Hout. Der Torhüter misst unglaubliche 2,07 Meter.

**236. Als kleinster Spieler der Geschichte des Fußballs wird der Brasilianer Elton gewertet, der gerade einmal 1,53 Meter groß ist.**

237. Wenn es besonders heiß ist, verliert ein Fußballprofi während eines Spiels in etwa fünf Liter Flüssigkeit.

238. Die türkische Süper Lig stellte bei der Europameisterschaft im Jahr 2016 mit 36 Spielern zwei mehr als die spanische Primera Division.

239. Die Kader der Länder Island und Nordirland bestanden bei der EM aus Spielern von 22 verschiedenen Vereinen.

**240. Die bislang einzigen olympischen Goldmedaillen, die Uruguay in seiner Landesgeschichte je gewonnen hat, sicherte sich das Land im Fußball. Diese Erfolge verbuchte Uruguay in den Jahren 1924 und 1928.**

241. Die Fußball-Weltmeisterschaft 2018 in Russland ging als teuerste WM-Endrunde überhaupt in die Geschichte ein. Sie kostete in etwa 17 Milliarden Euro.

242. Im Jahr 2022 wird dieser Rekord allerdings wohl gebrochen, die WM in Katar wird vermutlich weit mehr kosten. Der Staat investierte in etwa 100 Milliarden Dollar in die Austragung des Turniers.

243. Eine Palette Bier soll bei der WM in etwa 90 Euro kosten, weil der Wüstenstaat eine sogenannte „Sündensteuer“ eingeführt hat, die das Trinken von Alkohol bestrafen soll.

**244. Die ehemaligen Liverpool-Akteure Robbie Fowler und Steve McManaman gründeten mit der „Macca and Growler Partnership“ ein Unternehmen, das sich mit Rennpferden beschäftigt.**

245. Das erfolgreichste Rennpferd der beiden Pferdefans hört auf den Namen „Seebald" und gewann im Jahr 2003 das Turnier „Queen Elizabeth The Queen Mother Celebration Chase".

246. Da Will Grigg während seiner Zeit beim Verein Wigan Athletic in der dritten englischen Liga Torschützenkönig wurde, widmete ihm der Wigan-Fan Sean Kennedy eine eigene Hymne. Zur Melodie des Songs „Freed from Desire" der Sängerin Gala aus dem Jahr 1996 veröffentlichte Kennedy die Hymne „Will Grigg's on fire".

**247. Der Song landete Ende Mai 2016 in den Top Ten der iTunes-Bestenliste.**

248. Doch nicht nur Fans sind musikalisch begabt. Des Öfteren greifen auch Fußballer selbst zum Mikro. So veröffentlichten unter anderem der Holländer Memphis Depay, der Österreicher David Alaba und auch der Spanier Sergio Ramos eigene Werke.

249. Superstar Neymar wurde bei der WM 2014 in Brasilien vom Kolumbianer Juan Zuniga so heftig gefoult, dass er um ein Haar im Rollstuhl gelandet wäre.

250. Javier Mascherano ist der erste Argentinier überhaupt, der zwei Goldmedaillen bei den Olympischen Spielen errungen hat. Er wurde sowohl im Jahr 2004 als auch im Jahr 2008 mit Argentinien Olympiasieger im Fußball.

**251. Die Finalspiele des spanischen Supercups wurden im Jahr 2018 in Marokko und im Jahr 2019 in Saudi-Arabien ausgetragen.**

252. Gerd Müller trug in seiner Karriere stets Schuhgröße 41, obwohl er eigentlich 38 hatte. Er begründete dies damit, sich so schneller drehen zu können.

253. Bei der EM 2008 gelang es Griechenland als erstem Titelverteidiger überhaupt, all seine Spiele zu verlieren.

254. Mario Balotellis Hausschwein hört auf den Namen „Super“.

255. Der Fußballverein Aston Villa hat seinen Spielern verboten, das Spiel „Fantasy Premier League“ zu spielen, weil sie darüber die Verletzung von Jack Grealish verraten hatten.

256. Die Verletzung Grealishs fiel den Fans deswegen auf, weil zahlreiche Stars von Aston Villa den Profi aus ihrem Fantasy-Team nahmen.

257. Der 15-Jährige Däne Anders Vejrgang gewann in der Fußballsimulation FIFA 21 ganze 536 Spiele am Stück.

258. Der Gothia Cup ist ein Fußballturnier für Jugendliche, dass jedes Jahr stattfindet. Es ist bekannt für die hohe Anzahl an Teilnehmern. Zum 40. Jubiläum des Turniers nahmen 2014 ganze 1.650 Mannschaften und 37.400 Spieler aus 73 Ländern teil. Die Teilnehmerzahl steigt weiter: Im Jahr 2017 waren es sogar schon 1.730 Teams aus 82 Nationen.

**259. In seiner gesamten Karriere wurde Lionel Messi 327 Mal zum Spieler des Spiels gekürt.**

260. Erwin Tumiri überlebte einst das Flugzeugunglück des brasilianischen Vereins Chapecoense als einer von nur sechs Überlebenden. Wenige Jahre später geriet er in ein schweres Busunglück in Bolivien mit über 20 Toten, bei dem der Bus über 150 Meter in die Tiefe gestürzt ist. Tumiri überlebte erneut.

**261. Irina Shayk, die ehemalige Freundin Cristiano Ronaldos, forderte ihre Follower auf Instagram dazu auf, ihr zu entfolgen, wenn diese sie nur wegen des portugiesischen Superstars kennen würden. Über Nacht verlor das Model mehr als 11 Millionen Abonnenten.**

262. Das Fassungsvermögen des DFB-Pokals beträgt acht Liter.

263. Das Fassungsvermögen des Champions-League-Pokals beträgt hingegen 15 Liter.

264. Um die aktuelle Champions-League-Trophäe fertigzustellen, benötigte der Konstrukteur 340 Stunden.

265. Eines der besten Frauen-Fußball-Teams der Schweiz heißt BSC Young Boys.

266. Die Durchschnittsgeschwindigkeit einer La-Ola-Welle beträgt 40 Kilometer pro Stunde.

**267. Bojan Krkic ist mit einem Alter von 17 Jahren und 217 Tagen der jüngste Spieler, der je in einem K.O.-Spiel der Champions League getroffen hat.**

268. Bei seinem Debüt in der deutschen Nationalmannschaft erhielt Jérôme Boateng die rote Karte.

269. Auf der Hochzeit von Michael Ballack hat Elton John gesungen.

**270. Der Kolumbianer Gerardo Bedoya hält den Rekord für die meisten Platzverweise der Geschichte. In seiner Karriere flog er 46 Mal vom Platz.**

271. Der erste dunkelhäutige Fußballspieler war Arthur Wharton.

**272. Der Schweizer Johan Vonlathen ist mit einem Alter von 18 Jahren und 141 Tagen der jüngste Torschütze der EM-Geschichte.**

273. In der Premier-League-Saison 2015/16 kam es zum ersten Mal vor, dass das erste Tor der Saison ein Eigentor war. Kyle Walker traf gegen Manchester United ins eigene Netz.

274. Obwohl der FC Chelsea in der Saison 2014/15 ungeschlagen in der Champions-League war, schieden die „Blues" schon im Achtelfinale aus.

275. Das erste Basketball-Spiel überhaupt wurde mit einem Fußball gespielt.

**276. Der Ausdruck „Soccer" ist eine Abkürzung für den Begriff „Association of football".**

277. Den schnellsten Hattrick der Bundesliga erzielte Michael Tönnies innerhalb von nur fünf Minuten.

278. Der ivorische Fußballverein ASEC Abidjan Club of Cote D'Ivoire blieb zwischen 1989 und 1994 108 Spiele in Folge ungeschlagen.

**279. Der FC Sheffield ist der älteste Fußball-Klub überhaupt. Er wurde am 24. Oktober 1857 gegründet.**

280. Mittlerweile ist der Klub jedoch nicht mehr im Profi-Fußball vertreten.

**281. Als ältester Profiverein der Welt gilt derzeit Notts County.**

282. Der schwedische Duden hat das Verb „zlatanieren“ in den Wortschatz aufgenommen. Der Begriff ist ein Synonym für „dominieren“ und eine Anlehnung an den Schweden Zlatan Ibrahimovic.

283. Seit dem Jahr 1997 findet der „RoboCup“ statt. Das Turnier ist eine Weltmeisterschaft, bei der Roboter gegeneinander Fußball spielen.

**284. Erst drei Jahre, nachdem die ersten Fußballregeln eingeführt wurden, verbot man das Handspiel.**

285. Der ehemalige Bayern-Profi Breno wurde am 4. Juli 2012 wegen schwerer Brandstiftung zu drei Jahren und neun Monaten Haft verurteilt.

286. In der Saison 2012/13 gewann der österreichische Regionalligist FC Pasching den österreichischen Pokal.

287. Auf dem Weg zum Titel eliminierte der Amateur-Verein drei Bundesligisten: Die beiden Wiener Vereine Austria und Rapid wie auch Red Bull Salzburg.

**288. In der darauffolgenden Saison durfte der FC Pasching auch in der Qualifikation zur Europa-League antreten, wo der Klub jedoch gegen den portugiesischen Vertreter GD Estoril Praia ausschied.**

289. Die beiden Schauspieler Ryan Reynolds und Rob McElhenney halten gemeinsam 100 Prozent der Anteile des walisischen Traditionsklubs Wrexham AFC.

290. Auch in Amerika soll ein neuer Klub an den Start gehen, hinter dem höchst prominente Eigentümer stehen werden. Im Jahr 2022 soll der Fußball-Verein „FC Hollywood" in der US-Frauenliga an den Start gehen. Das Konsortium besteht unter anderem aus der Schauspielerin Natalie Portman, der Tennis-Legende Serena Williams und der früheren Fußballerin Mia Hamm.

291. Der Fußball-Profi mit den meisten Abonnenten auf der Plattform „Instagram" ist Cristiano Ronaldo. Ihm folgen dort 267 Millionen Menschen.

**292. Das entspricht in etwa der Gesamtbevölkerung von Indonesien, dem viertgrößten Land der Welt.**

**293. Fußball ist der Nationalsport von mehr als 120 Ländern.**

294. Im Jahr 2021 verlor der FC Liverpool zum ersten Mal überhaupt sechs aufeinanderfolgende Spiele im eigenen Stadion.

295. Zuvor hatten sie 68 Ligaspiele in Folge nicht verloren.

296. Die dänische Nationalspielerin Nadia Nadim, die in Afghanistan geboren ist, spricht elf Sprachen und ist angehende Chirurgin.

297. Patrice Evra ist der einzige Spieler, der in seiner Karriere vier Champions League Finalspiele verloren hat.

298. 2004 verlor er mit dem AS Monaco gegen den FC Porto, 2009 und 2011 mit Manchester United gegen den FC Barcelona und 2015 mit Juventus Turin gegen den FC Barcelona.

299. Nur einmal konnte er den Titel einheimsen, dies war in der Saison 2007/08 mit Manchester United gegen den FC Chelsea.

300. **Sieben tote Katzen**

Was haben sieben tote Katzen mit Fußball zu tun? Auf den ersten Blick recht wenig – doch der argentinische Fußballverein Racing Club de Avellaneda verdankt ihnen die wohl schlimmsten Jahre seit seines Bestehens.

Die beiden Fußballvereine Racing Club de Avellaneda und CA Independiente verbindet schon lange eine tiefe Feindschaft. Die beiden Klubs hassen sich bis aufs Blut und würden alles dafür tun, um dem Rivalen eins auszuwischen.

Die Geschichte der sieben toten Katzen begann im Jahr 1976, und zwar an jenem Tag, an dem Racing im Finale des Weltpokals gegen Celtic Glasgow gewann. Independiente ging in diesem Jahr leer aus und wollte sich bei seinem Rivalen rächen. Noch während die Anhänger Racings den Erfolg feierten, brachen Fans von Independiente in das Stadion des Konkurrenten ein. Dort vergruben sie sieben schwarze Katzen. Dies sollte Racing solange Pech bringen, bis die letzte Katze ausgegraben war. Racing fühlte sich verflucht, der Aberglaube ist in Südamerika weit verbreitet. Aus Angst vor dem Fluch taten die Verantwortlichen alles, um die toten Katzen zu finden. Der Präsident ließ das Stadion umgraben und rief sogar Zauberer und Priester zur Hilfe.

Die nächsten 35 Jahre wird Racing nicht Meister und kämpft ums Überleben. 1999 steht der Verein kurz vorm Bankrott. Im Laufe der nächsten Jahre fand man sechs der Katzen. Erst im Jahr 2001, nachdem das Stadion erneut umgegraben wurde, fand man das Skelett der siebten Katzen in einem Wassergraben.

Der Fluch war besiegt, noch in dem gleichen Jahr wurde Racing wieder Meister. Wieviel solch ein paar Katzen doch ausmachen können…

301. Ryan Giggs wurde in der Premier League 134 Mal ausgewechselt. Das ist bis heute Rekord.

302. Rafael van der Vaart durfte während seiner Zeit bei Betis Sevilla keine roten Schuhe tragen, da Rot die Farbe des Rivalen FC Sevilla ist.

**303. Der Honduraner Maynor Figuera hat nur drei Zehen an seinem linken Fuß.**

304. Die DDR gewann ihr letztes Länderspiel mit 2:0 gegen Belgien.

305. Dies war etwas überraschend, weil ein großer Teil der damaligen Stammspieler für dieses Match abgesagt hatte.

306. Nach der Wiedervereinigung spielten in der Bundesliga eine Saison lang 20 Mannschaften.

307. Im Jahr 2006 spielte Alemania Aachen sowohl in der Europa League als auch in der zweiten deutschen Bundesliga.

**308. Das Copa del Rey Finale für die Saison 2019/20 fand am 3. April 2021 statt, das Copa del Rey Finale für die Saison 2020/21 am 17. April 2021.**

338. In Ägypten gibt es einen Fußballverein namens „Coca-Cola FC“.

339. Pal Dardai war gleichzeitig Trainer von Hertha BSC Berlin und der ungarischen Nationalmannschaft.

340. Im Jahr 2021 fand zum ersten Mal seit 2005 ein Champions-League-Viertelfinale statt, in welchem weder Lionel Messi noch Cristiano Ronaldo beteiligt waren.

341. Da viele den Vornamen von Zvjezdan Misimovic nicht aussprechen konnten, wurde er einfach „Zwetschge“ genannt.

342. In seiner Karriere verbrachte Misimovic auch einige Zeit beim chinesischen Verein „BJ Renhe“. Da die Chinesen allerdings auch ihre Probleme beim Aussprechen des Namens „Zwetschge“ hatten, wurde er dort zumeist nur Michi genannt.

343. Fabien Barthez war nach seiner Karriere als Fußballer im Motorsport aktiv.

344. Der ehemalige Nationaltorhüter der USA Tim Howard leidet seit seiner Kindheit am Tourette-Syndrom.

345. Um seinen Wechsel zu erzwingen, drohte William Gallas dem FC Chelsea, ein Eigentor zu schießen, sollte er nicht die Freigabe erhalten.

**346. Gallas ist zudem der erste Spieler, der bei allen dreien englischen Hauptstadtvereinen, also Arsenal, Chelsea und Tottenham Hotspur, unter Vertrag stand.**

347. Der schottische Verein Glasgow Rangers ist der Klub mit den meisten Titel im europäischen Fußball. Der Klub gewann 55 Titel, Erzrivale Celtic lediglich 51.

348. Auf Platz zwei in der Gesamtwertung rangiert der nordirische Verein „Linfield FC", welcher 53 Titel vorweisen kann.

**349. Der englische Nationalstürmer Tammy Abraham hat einen Bruder namens Timmy.**

350. Tammy Abraham heißt eigentlich Kevin Oghenetega Tamaraebi Bakumo-Abraham. Der Name seines Bruders lautet Jason Timiebi Ogheneobrucheme Bakumo-Abraham.

351. Kingsley Coman gewann in jedem Jahr als Profi einen Titel.

352. Eines der schnellsten Tore der Geschichte wurde von Ricardo Olivera im Dezember 1998 geschossen. Nach nur 2,8 Sekunden fiel der Treffer.

353. Breel Embolo trinkt am Abend vor einem Spiel stets zwei Flaschen Wasser.

354. Robert Lewandowski ging während seiner Zeit bei Borussia Dortmund eine Wette mit dem damaligen Trainer Jürgen Klopp ein, die ihm 50 € pro zehn Trainingstreffern zusprach. Nach wenigen Wochen beendete Klopp die Wette.

**355. In der Saison 2015/16 spielten zum ersten Mal überhaupt fünf Vereine aus einem Land in der Champions League. Damals waren das die spanischen Klubs FC Barcelona, Real Madrid, Atlético Madrid, FC Valencia und FC Sevilla.**

356. Mit Ausnahme von Kevin-Prince Boateng, Tamas Hajnal und Felipe Santana sind alle Spieler, die sowohl für Borussia Dortmund als auch für Schalke 04 gespielt haben, Deutsche.

357. Lionel Messi hat mit 43 eine größere Schuhgröße als Cristiano Ronaldo (41,5).

**358. Der ehemalige Premier League-Stürmer Nwankwo Kanu trägt bei einer Körpergröße von 1,97 m die Schuhgröße 49,5.**

359. Ousmane Dembélé erhielt vom FC Barcelona einen eigenen Koch, da sich der Franzose zu ungesund ernährte.

360. Fünf Monate später feuerte Dembélés Berater den Koch.

361. Der jüngste WM-Trainer überhaupt ist Juan José Tramutola. Er war bei der Weltmeisterschaft 1930 mit 27 Jahren Trainer seines Heimatlandes Argentinien.

**362. Thierry Henry spielte in seiner Anfangszeit bei Juventus Turin teilweise als Außenverteidiger.**

363. Daniel Agger, der früher beim FC Liverpool unter Vertrag stand, besitzt ein Unternehmen mit dem klingenden Namen „KloAgger".

364. Eine Vertragsklausel sicherte ihm sogar acht Bandenwerbungen pro Heimspiel zu.

365. Der Cousin von Dimitar Berbatov ist internationaler Meister im Schach.

366. George Weah gewann nicht nur den Ballon d'Or, sondern ist auch Präsident seines Heimatlandes Liberia.

309. In beiden Endspielen war der baskische Verein Athletic Bilbao vertreten.

**310. Seit Toni Kross im Jahr 2014 zu Real Madrid wechselte, hat kein Spieler in Europa mehr Pässe gespielt als der Deutsche.**

311. Der FC Barcelona ist der erste Klub in der Geschichte der spanischen Liga, der in einer einzigen Saison drei Torschützen unter 19 Jahren hatte.

312. In der Saison 2020/21 trafen die damals siebzehnjährigen Ansu Fati und Pedri, wie auch der Achtzehnjährige Ilaix Moriba.

313. Moriba war erst zwei Jahre alt, als Lionel Messi seinen ersten La Liga Titel gewann.

314. Der ehemalige Barcelona-Akteur Laszlo Kubala spielte in seiner Karriere für die tschechoslowakische, die ungarische und die spanische Nationalmannschaft.

315. Geboren wurde er in Budapest als Sohn einer ungarisch-slowakischen Mutter und eines slowakisch-polnischen Vaters.

316. RB Leipzig war der erste deutsche Verein überhaupt, der im Vereinsnamen den Zusatz „Rasenballsport“ benutze.

**317. Mittlerweile gibt es einen weiteren Verein, der diesen Ausdruck benutzt. Der niedersächsische Verein TuS Lingen spielte nach seiner Insolvenz mit dem Zusatz „RB Lingen“. Der Klub ist jedoch kein Profi-Klub.**

318. Einige Fans des Fußballvereins Manchester United fassen die Kurzform „ManU“ als Beleidigung auf. Dies liegt an der Nähe zum englischen Ausdruck „manure“, der auf deutsch soviel wie „Dünger“ oder „Mist“ bedeutet.

319. Rekordspieler der englischen Premier League ist Gareth Barry. Dieser kam in seiner Karriere zu 653 Einsätzen in der höchsten Spielklasse Englands, in der ihm 52 Tore gelangen.

320. Aktiv war er in seiner Karriere für die Vereine West Bromwich Albion, FC Everton, Manchester City und Aston Villa.

321. Fußballspieler laufen im Durchschnitt 9,65 km pro Spiel.

322. Der ehemalige deutsche Nationalspieler Marco Bode wurde 1995 während seines Besuches bei Nelson Mandela mit den Worten „Sie sehen ja aus wie Steffi Graf“ empfangen.

323. Die Vokuhila-Frisur heißt auf italienisch „capelli alla tedesca“ (Haare nach deutschem Stil), auf Niederländisch „duitse mat“ (Deutsche Matte) und auf französisch „coiffure de footballeur allemand“ (Frisur des deutschen Fußballspielers).

324. Der Clericus Cup ist die Fußballmeisterschaft des Vatikans, welche im Jahr 2007 zum ersten Mal ausgetragen wurde. In diesem Wettbewerb treten 16 Mannschaften gegeneinander an, gespielt wird jedoch mit etwas angepassten Regeln.

325. Die Spielzeit beträgt nämlich lediglich zwei Mal 30 Minuten, neben der gelben und der roten Karte existiert auch noch eine blaue, die eine fünfminütige Zeitstrafe zur Folge hat. Sonntagsspiele sind verboten.

326. Die 16 Mannschaften bestehen ausschließlich aus Ordensmännern und Novizen römischer Ordensniederlassungen oder Absolventen des päpstlich römischen Priesterseminars oder Priesterkollegs.

**327. Das Finale findet im römischen Olympiastadion statt.**

328. Der Kameruner Alex Song hat 27 Geschwister. 17 Schwestern und 10 Brüder. Er selbst gab in einem Interview an, dass er nicht alle aufzählen könne.

329. Sein Cousin Rigobert Song ist mit 137 Einsätzen der Rekordnationalspieler Kameruns.

**330. Gretar Steinsson unterschrieb bei den Bolton Wanderers einst einen Vertrag bis zum Jahr 20.014.**

331. Der FC Barcelona zahlt dem Kinderhilfswerk der Vereinten Nationen „UNICEF" jährlich zwei Millionen Euro. Zudem ziert der UNICEF-Schriftzug das Trikot der Katalanen.

332. Das letzte Mal, als beide Finalisten des Europapokals der Landesmeister/ Champions League nur einheimische Spieler in deren Startelf hatten, war in der Saison 1966/67. Damals standen sich Celtic Glasgow und AC Milan gegenüber.

333. Im Jahr 2027 muss die Meisterschale der deutschen Bundesliga vergrößert werden, weil kein Platz für neue Gravierungen mehr sein wird.

**334. Pepe hat bis zum Alter von 17 Jahren im Bett seiner Mutter geschlafen.**

335. Philipp Lahm hat in seiner Karriere keine einzige rote Karte erhalten.

336. Er entschied sich während seiner Zeit bei seinem Jugendverein FT Gern gegen einen Wechsel zum TSV 1860 München, da er dort bei einem Probetraining Löcher im Fangzaun hinter den Toren sah.

337. Die längste Amtszeit als Trainer für die deutsche Nationalmannschaft hatte Sepp Herberger. Er war 10385 Tage lang Nationaltrainer Deutschlands, dabei kommt er auf 169 Spiele.

338. In Ägypten gibt es einen Fußballverein namens „Coca-Cola FC“.

339. Pal Dardai war gleichzeitig Trainer von Hertha BSC Berlin und der ungarischen Nationalmannschaft.

340. Im Jahr 2021 fand zum ersten Mal seit 2005 ein Champions-League-Viertelfinale statt, in welchem weder Lionel Messi noch Cristiano Ronaldo beteiligt waren.

341. Da viele den Vornamen von Zvjezdan Misimovic nicht aussprechen konnten, wurde er einfach „Zwetschge“ genannt.

342. In seiner Karriere verbrachte Misimovic auch einige Zeit beim chinesischen Verein „BJ Renhe“. Da die Chinesen allerdings auch ihre Probleme beim Aussprechen des Namens „Zwetschge“ hatten, wurde er dort zumeist nur Michi genannt.

343. Fabien Barthez war nach seiner Karriere als Fußballer im Motorsport aktiv.

344. Der ehemalige Nationaltorhüter der USA Tim Howard leidet seit seiner Kindheit am Tourette-Syndrom.

345. Um seinen Wechsel zu erzwingen, drohte William Gallas dem FC Chelsea, ein Eigentor zu schießen, sollte er nicht die Freigabe erhalten.

**346. Gallas ist zudem der erste Spieler, der bei allen dreien englischen Hauptstadtvereinen, also Arsenal, Chelsea und Tottenham Hotspur, unter Vertrag stand.**

347. Der schottische Verein Glasgow Rangers ist der Klub mit den meisten Titel im europäischen Fußball. Der Klub gewann 55 Titel, Erzrivale Celtic lediglich 51.

348. Auf Platz zwei in der Gesamtwertung rangiert der nordirische Verein „Linfield FC“, welcher 53 Titel vorweisen kann.

**349. Der englische Nationalstürmer Tammy Abraham hat einen Bruder namens Timmy.**

350. Tammy Abraham heißt eigentlich Kevin Oghenetega Tamaraebi Bakumo-Abraham. Der Name seines Bruders lautet Jason Timiebi Ogheneobrucheme Bakumo-Abraham.

351. Kingsley Coman gewann in jedem Jahr als Profi einen Titel.

367. Der Trauzeuge von Luka Modrić war sein kroatischer Teamkollege Vedran Ćorluka.

368. Arsenal-Profi Héctor Bellerín kündigte im Jahr 2020 an, für jeden Sieg seines Klubs 3.000 Bäume zu pflanzen.

369. Der Pole Jakub Błaszczykowski spielte für seinen Verein Wisla Krakau für lediglich 116 Euro pro Monat.

370. Dieses Geld spendete er in Form von Eintrittskarten an Waisenkinder.

**371. Das Fußballspiel mit der höchsten offiziellen Zuschauerzahl fand in Brasilien statt. Beim WM-Finale im Jahr 1950 kämpften Brasilien und Uruguay im Maracana um den Titel. 173.850 Fans sollen das Spiel im Stadion miterlebt haben.**

372. Manche Quellen berichten auch von über 200.000 Zusehern.

373. Den inoffiziellen Rekord hält das „White Horse Final" aus dem Jahr 1923. Beim FA-Cup-Finale zwischen den Bolton Wanderers und West Ham United sollen mehr als 250.000 Besucher ins Stadion gekommen sein.

374. Das hatte zu einem großen Teil den Grund, dass König George V. anwesend war, um die Trophäe zu überreichen.

375. Während der WM 2010 in Südafrika machte sich der Krake Paul einen Ruf als Fußball-Orakel. Er sagte alle Spiele mit deutscher Beteiligung korrekt voraus.

376. Er lebte im „Sea Life Centre“ in Oberhausen und wurde zum Ehrenbürger der spanischen Gemeinde Carballiño ernannt. Nach seinem Tod wurde in Oberhausen ein Denkmal für den Oktopus errichtet.

**377. Alvin Martin, der damals für West Ham United spielte, gelang es, in einem Spiel gegen drei verschiedene Torhüter zu treffen.**

378. Petr Čech gab 565 Tage nach seinem eigentlichen Karriereende sein Comeback für die U23-Auswahl des FC Chelsea. Nach seiner aktiven Karriere war er eigentlich als Berater für den Londoner Klub tätig, jedoch wurde er von Frank Lampard für den Notfall auch für den Premier-League-Kader registriert.

379. Der Däne Nicklas Bendtner bejubelte bei der Europameisterschaft 2012 einen Treffer, indem er sein Trikot hochzog und seine Unterhose entblößte. Auf dieser war der Schriftzug einer Wettfirma zu sehen.

**380. Dem Türken Sükrü Gülesh gelangen in seiner Karriere 32 direkt verwandelte Eckball-Tore.**

381. Beim Spiel zwischen dem SV Darmstadt und den Würzburger Kickers hatten die Corona-gebeutelten Gäste nur drei Auswechselspieler im Gepäck. So wurde der eigentliche Torhüter Eric Verstappen in der Schlussphase als Feldspieler eingewechselt.

382. Gareth Bale behauptete einst in einem Interview, ein UFO gesehen zu haben.

383. Dennis Bergkamp leidet unter Flugangst.

384. Im Halbfinale der EM 1968 zwischen Italien und der Sowjetunion wurde Italien per Münzwurf zum Sieger erkoren. Das Finale gewannen die Italiener, wodurch sie Europameister wurden.

385. Rogerio Ceni ist mit 131 Treffern der Torhüter mit den meisten Toren der Geschichte. Einen Großteil dieser Tore erzielte er per Freistoß.

386. Der chilenische Torhüter Roberto Rojas schmuggelte bei der Qualifikation für die WM 1990 ein Rasiermesser auf das Spielfeld und verletzte sich absichtlich damit, um einen Spielabbruch zu erwirken.

387. Dazu kam es auch. Chile wurde anschließend von der FIFA von der bevorstehenden Weltmeisterschaft ausgeschlossen, Rojas lebenslang gesperrt.

**388. Der ehemalige englische Nationalspieler Joleon Lescott wechselte Jahre nach seinem Karriereende zum spanischen Viertligisten Racing Murcia. Dort unterschrieb er einen Vertrag für ein Spiel.**

389. Lescott war allerdings nur eine Notlösung, eigentlich wollte der Klub Samuel Eto'o verpflichten, der aber absagte.

**390. Derby County-Trainer Wayne Rooney verletzte in einem Training bei einem Tackling seinen Spieler Jason Knight, der dem Klub anschließend einige Wochen fehlte.**

391. Leverkusen hat sich den Begriff „Vizekusen" beim deutschen Patent- und Markenamt schützen lassen.

392. Allerdings patentierten sie auch den Begriff „Meisterkusen".

393. Erst seit 1995 dauern Spiele von Frauen-Teams 90 Minuten. Davor waren es ledgilich 80 Minuten.

**394. Die Maldini Familie bestehend aus Cesare, Paolo und Daniel hat insgesamt über 1000 Spiele für den AC Milan absolviert.**

395. Der PSV-Akteur Marco Van Ginkel gab 983 Spiele nach seinem letzten Einsatz sein Comeback.

396. Lazio Rom kaufte im Jahr 2017 den Portugiesen Pedro Neto für elf Millionen Euro von Sporting Braga. Das Geld überwiesen sie allerdings fälschlicherweise an Sporting Lissabon.

397. Seit dem Jahr 1982 stand bei jedem WM-Finalspiel ein Akteur des FC Bayern München auf dem Feld.

**398. Die ehemaligen Fußballprofis Jens Hegeler und Stefan Reinartz entwickelten mit dem „Packing“ eine neue Methode in der Analyse von Fußballspielen. Dabei wird ermittelt, wie viele Verteidiger ein Spieler, egal ob durch Pass oder Dribbling, überspielt.**

399. Eine neu entdeckte Ameisenart wurde zu Ehren des ägyptischen Nationalspielers Mo Salah „Meranoplus mosalahiam“ getauft.

400. **Die Flugreisenden**

Lange Anreisen zu Auswärtsspielen kommen im Fußball des Öfteren vor. Doch übermäßig lange eher selten. Solch ein Fall trat 2020 im französischen Pokal ein. JS Saint-Pierre, mit vollem Namen Jeunesse Sportive Saint-Pierroise, ist eine Stadt im Süden von La Réunion, dem französischen Überseegebiet. Es liegt etwa 900 Kilometer östlich von Madagaskar im indischen Ozean. Ihre Mannschaft erreichte 2020 die Hauptrunde des französischen Cups. Normalerweise scheiden die Teilnehmer aus den französischen Überseeregionen frühzeitig aus, aber ab und zu dringt eine bis in die Hauptrunde, dem 32stel-Finale, vor. Sie reisen also 9.000 Kilometer und 11 Flugstunden an, um dann das Spiel gegen den Zweitligisten Chamois Niort auf dem französischen Festland zu bestreiten.

Es war das bisher größte Spiel der Klubgeschichte und das Team von JS Saint-Pierre war motiviert. Zur Überraschung aller gelang es ihnen, den Gegner mit einem 2:1 Sieg auszuschalten und in die nächste Runde aufzusteigen. Daher ging es für die Franzosen, die selbst nicht mit einem Triumph gerechnet hatten, schnell wieder zurück in die Heimat, um sich für das nächste Spiel vorzubereiten.

Im Sechzehntelfinale wartete nun der Viertligist SAS Épinal auf die Fußballer der Insel. Zwei Wochen später wurde der nächste lange Flug in Angriff genommen, die Spieler verbrachten abermals 11 Stunden im Flugzeug. Doch diesmal hat sich der Ausflug weniger gelohnt: SAS Épinal siegte mit 1:0 und warf Saint-Pierre aus dem Bewerb. Für diese war es trotzdem ein großer Erfolg, sie waren erst die zweite französische Überseeregion, die das Sechzehntelfinale des Coupe de France überhaupt erreichte. Ein bisschen Erleichterung war auch dabei, dass sie wieder zurück auf ihre warme Insel reisen konnten und nicht mehr im kalten Frankreich kicken mussten.

**401. Shkodran Mustafi ist der erste DFB-Nationalspieler, der bereits in der Bundesliga, Premier League, Serie A und La Liga zum Einsatz kam.**

402. Vor ihm debütierte nur Thomas Hitzlsperger erst in der Nationalmannschaft und danach in der Bundesliga.

403. 80 % der Fußbälle werden in Pakistan produziert.

**404. Neil Armstrong wollte einen Fußball mit auf den Mond nehmen, die NASA lehnte seinen Wunsch jedoch ab.**

405. Der längste Name eines Fußballers in der Geschichte der Premier League ist mit 23 Buchstaben jener des Holländers Jan Vennegoor of Hesselink. Der vielleicht längste Name überhaupt ist der des Griechen Lazaros Christodoulopoulos, der 25 Buchstaben hat.

406. Stephen Hawking errechnete, dass die englische Nationalmannschaft die höchsten Siegeschancen hat, wenn die Spieler rote Trikots tragen.

407. Zudem erhöhen sich die Chancen auf einen Erfolg, wenn der Schiedsrichter aus Europa stammt.

408. Giuseppe Bergomi spielte bei vier Weltmeisterschaften für Italien, absolvierte allerdings kein einziges Qualifikationsspiel.

409. Stephan „Stanis“ Dembicki traf für seinen Verein RC Lens in einem Pokal-Spiel gegen den Amateurverein Auby-Asturies ganze 16 Mal. So oft traf kein anderer Akteur in einer einzigen Partie.

410. Es gibt fünf Spieler, nach denen ein Asteroid benannt wurde. Diese Ehre wurde Arsène Wenger, Johan Cruyff, Josef Bican, Ferenc Puskás und Michael Ballack zuteil.

411. Lediglich acht verschiedene Länder konnten eine Weltmeisterschaft gewinnen.

412. Cristiano Ronaldo und Zlatan Ibrahimovic sind die einzigen Fußballer, die bereits in jeder Spielminute mindestens einmal getroffen haben.

**413. Brasilien ist mit 229 Treffern das Land mit den meisten Toren in der Geschichte der Weltmeisterschaften.**

414. Steven Gerrard tauschte insgesamt mit über 100 Spielern sein Trikot, jedoch nie mit einem Akteur von Manchester United.

**415. Ryan Giggs ist der einzige Spieler in der Geschichte der Premier League, der 100 Tore erzielte, dabei allerdings nie einen Hattrick.**

416. Sean Connery wurde im Jahr 1953 angeboten, einen Vertrag bei Manchester United zu unterschreiben.

417. Das Pferd von Sir Alex Ferguson wurde im Jahr 2002 zum „Europäischen Pferd des Jahres“ gewählt.

418. Steaua Bukarest blieb einst 106 Spiele in Folge ungeschlagen.

**419. Die WM 2006 ist die bislang einzige, bei welcher es keinen Hattrick gab.**

420. Newcastle United sollte ursprünglich Stanley AFC heißen.

421. Im Jahr 1950 gab es bei der Weltmeisterschaft kein Finale, sondern eine „Mini-Liga“ zwischen Brasilien, Spanien, Schweden und Uruguay. Dabei spielte jedes Land einmal gegeneinander. Weltmeister wurde Uruguay.

422. Tofik Bakhramov ist er einzige Schiedsrichter, nach dem ein Stadion benannt wurde. Nach seinem Tod wurde die Arena in Baku, in seinem Heimatland Aserbaidschan, nach ihm benannt.

423. In 2001 wurde das Spiel Fußball für den Friedensnobelpreis nominiert.

**424. Die aktuell schlechteste Mannschaft der FIFA-Weltrangliste der Männer ist San Marino, bei jener der Frauen befindet sich Mauritius am Tabellenende.**

425. Philipp Lahm beging 13 Monate in Folge kein Foul in der deutschen Bundesliga.

426. Dundee United besiegte den FC Barcelona in allen vier Spielen, die die beiden Klubs jemals gegeneinander absolviert haben.

**427. José Mourinho gewann in den Saisons 2005/06 und 2014/15 die Premier League, ohne Trainer des Monats geworden zu sein.**

428. 2014/15 wurde er jedoch zum Trainer der Saison gewählt.

429. Spanien gewann die WM 2010 mit nur acht erzielten Toren.

430. Steve Bruce erzielte als Innenverteidiger in der Saison 1990/91 ganze 19 Tore für seinen Klub Manchester United.

**431. Der Hampden Park gilt als das älteste Fußballstadion der Welt. Er wurde am 9. Juni 1867 erbaut und befindet sich in Glasgow.**

432. Lionel Messi erzielte 17 Jahre in Serie mindestens einen Treffer in der Champions League.

433. Das Finale der Champions League soll 2025 in New York und damit erstmals außerhalb Europas stattfinden.

434. Barack Obama ist ein Fan des englischen Fußballvereins West Ham United.

435. Pelé spielte in seiner Karriere nie für einen europäischen Verein.

436. Die einzigen beiden Klubs, für die er spielte, waren der FC Santos aus seinem Heimatland Brasilien und New York Cosmos aus Amerika.

437. Für den amerikanischen Verein spielten auch Franz Beckenbauer und Carlos Alberto.

**438. David Beckham ließ seinen Körper für hundert Millionen Pfund versichern.**

439. Sollte der Abstoß eines Torhüters, aus welchem Grund auch immer, im eigenen Tor landen, gibt es anstelle eines Treffers einen Eckball für die gegnerische Mannschaft.

**440. Die deutsche Torhüterin Nadine Angerer kassierte bei der WM 2007 kein einziges Gegentor.**

441. Am 1. Februar 2012 kam es bei einem Spiel zwischen den ägyptischen Klubs Al-Ahly und Al-Masry zu heftigen Krawallen, bei welchen 74 Menschen getötet und über 1000 Menschen verletzt wurden.

442. Lionel Messi erzielte seinen ersten Hattrick überhaupt mit 19 Jahren im Derby gegen Real Madrid.

443. Thomas Tuchel ist der erste Trainer in der Geschichte der Premier League, dessen Mannschaft bei den ersten fünf Heimspielen nach seinem Amtsantritt keinen Gegentreffer hinnehmen musste.

444. Die Vereinshymne des FC Augsburg hat 33 Strophen.

445. Die Spieler Romelu Lukaku (Belgien), Aaron Wan-Bissaka (England) und Tanguy Ndombele (Frankreich) haben allesamt die Staatsbürgerschaft des afrikanischen Landes „Demokratische Republik Kongo“.

446. Bisher konnte nur ein Nationaltrainer zwei Weltmeistertitel gewinnen. Vittorio Pozzo gelang dieses Kunststück mit seinem Heimatland Italien im Jahr 1934 und im Jahr 1938.

447. Die meisten Teams bei Weltmeisterschaften hatte Carlos Alberto Parreira betreut. Der Brasilianer war Trainer von Kuwait, den Vereinigten Arabischen Emiraten, Südafrika, Brasilien und Saudi-Arabien. Mit der Seleção konnte er 1994 sogar den Titel gewinnen.

**448. Der Star-Koch Gordon Ramsay spielte sechs Monate für die Glasgow Rangers.**

449. Neymar wurde in der Saison 2016/17, als er für den FC Barcelona spielte, im Durchschnitt alle 21 Minuten gefoult. Die Saison davor passierte es lediglich alle 23,5 Minuten.

450. Im Jahr 2018 war Benjamin Mendy insgesamt nur 80 Minuten im Einsatz und wurde dennoch englischer Meister mit Manchester City und Weltmeister mit Frankreich.

451. Teemu Pukki hält den Rekord für die am schnellsten erzielten 50 Tore in der englischen Championship. Der Finne benötigte dafür lediglich 75 Spiele.

452. Das Markenzeichen des Holländers Edgar Davids war seine orange gefärbte Brille. Diese trug er als Schutz nach seiner Augenoperation im Jahr 1999. Später wäre dies nicht mehr notwendig gewesen, er trug sie jedoch aus modischen Gründen und dem Wiedererkennungswert weiterhin.

**453. Im Mai des Jahres 2001 wurde Davids von der FIFA suspendiert, da er anabole Steroide zu sich genommen hatte.**

454. Michael Ballack wünscht sich vermutlich, dass es die Saison 2001/02 nie gegeben hätte. In dieser Spielzeit verlor er mit Bayer 04 Leverkusen den Meistertitel in der letzten Spielwoche, das Pokalfinale gegen FC Schalke 04, das Champions-League-Finale gegen Real Madrid und das WM-Finale mit Deutschland gegen Brasilien.

455. Der ehemalige italienische Schiedsrichter Pierluigi Collina wurde sechsmal in Folge zum Weltschiedsrichter des Jahres gewählt und hält damit den Rekord.

**456. Der Italiener befand sich sogar zweimal auf dem Cover der Fußballsimualtion PES.**

457. Portugal gelang es 2016, Europameister zu werden, obwohl sie in ihrer Gruppe nur Dritter wurden und nur ein Spiel innerhalb von 90 Minuten für sich entscheiden konnten.

458. Inaki Williams von Athletic Bilbao spielte für seinen Klub ganze 184 Spiele in Folge. Seit 2016 hat er kein Spiel mehr verpasst.

459. Da Bayern Münchens Kingsley Coman in seinem Mercedes statt des im Vertrag vereinbarten Audis zum Training erschien, musste der Franzose 50.000 € Strafe zahlen. Zudem musste er sein Auto auf der Straße parken und durfte damit nicht auf das Vereinsgelände fahren.

460. Seit dem Abgang von Cristiano Ronaldo zu Juventus Turin erzielte Real Madrid lediglich vier Freistoßtore.

**461. Bei der Weltmeisterschaft 2018 qualifizierte sich Japan anstelle von Senegal für das Achtelfinale, da die Japaner weniger gelbe Karten erhielten.**

462. Der Basketball-Profi LeBron James hält Anteile am FC Liverpool.

463. Diego Forlán ist der einzige Spieler, der zweimal spanischer Torschützenkönig wurde, ohne für den FC Barcelona oder Real Madrid zu spielen.

464. Der in England geborene Tyrone Mears absolvierte ein Spiel für Jamaika, weil er dachte, dass sein Vater von dort stammte. Im Nachhinein stellte sich allerdings heraus, dass Mears Vater in Sierra Leone geboren war.

**465. Robert Lewandowski und Mislav Oršić sind die einzigen beiden Spieler, die in einem Europapokalspiel drei Tore gegen eine Mannschaft von José Mourinho erzielt haben.**

466. Lewandowski gelang dies im Jahr 2013 mit Borussia Dortmund gegen Real Madrid, Oršić im Jahr 2021 mit Dinamo Zagreb gegen Tottenham.

467. Als erste Mannschaft Deutschlands lief die Mannschaft von Eintracht Braunschweig mit Trikotwerbung auf. Auf der Vorderseite der „Löwen" prangte das offizielle Logo von Sponsor Jägermeister – ein Hirsch.

468. Der europäischen Polizeibehörde Europol zufolge wurden zwischen 2008 und 2011 in etwa 700 Spiele registriert, bei denen ein Verdacht auf Spielmanipulation bestand.

**469. Der Ukrainer Andriy Lunin von Real Madrid heiratete seine Frau 2021 im Jogginganzug.**

470. Aufgrund der Rot-Grün-Schwäche eines Freiburger Spielers wurden kurz vor Anpfiff die Trikots getauscht, womit die Freiburger gegen Augsburg in Gelb statt Rot aufliefen.

**471. Die Frauenmannschaft des FC Barcelona gewann in der Saison 2020/21 20 Spiele in Folge und schoss in diesem Zeitraum 99 Tore. Das sind durchschnittlich 4,95 Tore pro Spiel.**

472. Choupo-Moting verpasste die Länderspiele seines Heimatlandes Kamerun, da der Verband die Einladung für jene an die falsche E-Mail-Adresse sendete und der Stürmer somit nichts von einer Einberufung wusste.

473. In Brasilien wurde die Regel eingeführt, dass die Vereine nur noch einen Trainerwechsel pro Saison vornehmen dürfen.

474. Die australische Fußballspielerin Rhali Dobson beendete ihre Karriere, um ihren Verlobten, der an einem Hirntumor leidet, besser unterstützen zu können.

475. Der Bosnier Miralem Pjanić lief in seiner Jugend für die luxemburgische Nationalmannschaft auf.

**476. Lukas Podolski gewann zwölf Mal die Auszeichnung „Tor des Monats“ und ist damit Rekordhalter.**

477. Der Portugiese Bebé wurde bei seinem Debüt für Manchester United nach zehn Minuten eingewechselt und in der 75. Spielminute wieder vom Feld genommen.

478. Der Offensivspieler wuchs in einem Waisenhaus auf und sollte vor seinem Wechsel nach Manchester eigentlich an der Weltmeisterschaft der Obdachlosen teilnehmen.

**479. Der Iraner Ali Daei ist mit 109 Toren der Spieler mit den meisten Länderspieltreffern überhaupt. Auf Platz zwei liegt Cristiano Ronaldo mit 102 Toren, auf Platz drei der Malaysier Mokhtar Dahari mit 85 Toren.**

480. Der Holländer Nigel de Jong ist vor allem für seine brutale Spielweise bekannt. Er brach in einem Freundschaftsspiel gegen die USA im Jahr 2010 seinem Gegenspieler Stuart Holden das Bein, foulte bei der Weltmeisterschaft im selbigen Jahr Xabi Alonso mit einem Karate-Tritt und fügte nur wenige Monate später dem Franzosen Hatem Ben Arfa einen doppelten Beinbruch zu. Für seine überharte Spielweise wurde er von der holländischen Nationalmannschaft ausgeladen.

481. Der 27. Spieltag in der deutschen Bundesliga ist für Trainer der gefährlichste. An jenem gab es in der Geschichte die meisten Entlassungen (19).

**482. Der Russe Artem Dzyuba wurde aus dem Nationalteam geworfen, da ein Video veröffentlicht wurde, welches den Stürmer beim Masturbieren zeigte.**

483. Real-Star Marcelo musste seinem Klub schon über eine Million Euro an Strafen zahlen.

484. Der spanische Verein Athletic Bilbao setzt seit der Gründung nur auf baskische Spieler.

485. Jene Kapitänsbinde, die Cristiano Ronaldo nach einer Niederlage mit Portugal gegen Serbien auf den Boden warf, wurde für 64.000 € versteigert und gespendet.

**486. Der frühere ungarische Torhüter Gábor Király war vor allem für seine weiten Jogginghosen bekannt. Laut eigener Aussage brauchte er pro Jahr bis zu 20 Stück.**

487. Seit der Saison 2017/18 erzielte in Europa nur Lionel Messi mehr Freistoß-Tore als der Engländer James Ward-Prowse.

488. Über die Jahre hinweg kam es des Öfteren vor, dass Spieler, Trainer und Fans von Blitzeinschlägen verletzt oder sogar getötet wurden. Auch 1998 soll ein Blitzeinschlag verheerende Folgen gehabt haben; es wurde berichtet, dass eine ganze Mannschaft vom Blitz erschlagen wurde. Es stellte sich aber heraus, dass nicht elf, sondern nur 2 Spieler gestorben waren. Aber auch das ist tragisch genug.

**489. Nach dem CL-Spiel zwischen Borussia Dortmund und Manchester City fragte Schiedsrichter-Assistent Octavian Sovre den Norweger Erling Haaland nach einem Autogramm. Dies sorgte für viel Aufruhr und einige Beschwerden, Sovre wurde anschließend sogar vom Verband gesperrt.**

490. Dabei diente diese Aktion lediglich einem guten Zweck. Denn der Schiedsrichter sammelt Souvenirs aus ganz Fußball-Europa und unterstützt damit ein Zentrum für Menschen mit schweren Formen von Autismus, welches durch Spenden von jährlichen Auktionen solcher Souvenirs finanziert wird.

**491. Erik Lamela sah während seiner Zeit bei Tottenham fünf gelbe Karten mehr als er Tore erzielte.**

492. Antoine Griezmann hat drei Kinder. Alle sind am 8. April geboren. Das Erste im Jahr 2016, das Zweite im Jahr 2019 und das Dritte im Jahr 2021.

493. Zlatan Ibrahimovic hat eine Rolle im Film „Asterix und Obelix: Das Reich der Mitte". Dort spielt er einen Charakter mit dem Namen „Antivirus".

494. Auch Zinédine Zidane spielte schon in einem Asterix-Film mit. Er war Teil von „Asterix und Obelix bei den Olympischen Spielen".

495. Der beste Torschütze der Europa-League-Geschichte ist der Kolumbianer Falcao mit 30 Toren. Dafür benötigte er 31 Spiele.

496. Danny da Costa von Eintracht Frankfurt leidet an einer Rasenallergie.

497. Bei einseitiger Kündigung müsste David Alaba seinem Arbeitgeber Real Madrid 850 Millionen Euro zahlen.

498. Neymar erreichte schon mit 19 Jahren den 10. Rang bei der „Wahl zum Weltfußballer des Jahres“. Damals spielte der Brasilianer noch für den FC Santos in seinem Heimatland.

499. Fred von Manchester United benötigte 80 Schüsse um zwei Premier-League-Tore zu erzielen.

500. **David gegen Goliath**
Cupspiele und die Mannschaftskombinationen, die dabei aufeinandertreffen, sind oftmals besonders spannend. Im russischen Pokal 2010/11 gab es eine kleine Sensation: Alanija Wladikawkas, ein Zweitligist, kam bis ins Finale – aber auf eine außergewöhnliche Weise. In keinem einzigen Spiel auf dem Weg zum Finale traf Alanija während der regulären Spielzeit, und auch nicht während der Verlängerung.

In drei von vier Spielen entschieden die Fußballer aus Wladikawkas das Match erst im Elfmeterschießen für sich. Auch im vierten Spiel erzielten sie keinen Treffer während des Spiels, aber diesmal aus einem anderen Grund: Der gegnerische Verein FC Saturn Ramenskoye konnte nicht mehr antreten, weil er bankrott gegangen war – abermals kein Tor für Alanija.
Trotz der torlosen 360 Minuten erreichten sie das Finale des russischen Cups. Dort wartete der ZSKA Moskau auf den Zweitligisten. Noch bevor das Match startete, hatte Alanija bereits einen kleinen Sieg errungen: Sie bekamen einen Platz in der Europa League, da ihr Cup-Finalgegner schon durch seinen Ligaerfolg für den Europacup qualifiziert war.
Alanija konnte das Finale jedoch nicht, wie die Spiele zuvor, im Elfmeterschießen gewinnen, denn Moskau schoss in der 13. Minute das erste Tor. Alanija gab nicht auf, sie waren so nah an einer Sensation. Nach nur 10 Minuten hatten sie den Ausgleichstreffer erzielt – ihr erster Treffer innerhalb der regulären Spielzeit! ZSKA Moskau ließ sich davon jedoch nicht beeindrucken, schoss in der zweiten Halbzeit ein weiteres Tor und zerstörte somit den Traum des Teams aus Wladikawkas.

Trotzdem können sie – mehr oder weniger stolz – behaupten, dass sie es torlos in die Europa League geschafft haben.

501. Seit dem Jahr 2017 gab es in der zweiten Liga Österreichs keinen sportlichen Absteiger mehr.

502. Laut dem Forbes-Magazin ist der FC Barcelona mit einem Wert von 4,76 Milliarden Dollar der wertvollste Verein der Welt.

**503. Bibiana Steinhaus, eine ehemalige deutsche Schiedsrichterin, und Howard Webb, ein ehemaliger englischer Schiedsrichter, sind seit 2016 ein Paar und haben 2021 geheiratet.**

504. Bibiana Steinhaus ist die erste Schiedsrichterin der Bundesliga-Geschichte.

505. Auf dem 7. Platz der teuersten Abgänge von Eintracht Frankfurt liegt Adi Hütter. Ein Fußballtrainer.

506. Ferland Mendy saß noch mit 14 Jahren im Rollstuhl und musste neu laufen lernen. Mit 20 Jahren spielte er noch in der Amateurliga. Heute trägt er das Trikot von Real Madrid und hat einen Marktwert von 50 Millionen Euro.

**507. Real Madrid ist das einzige Team in der Geschichte der Champions-League, das einen Titel erfolgreich verteidigen konnte.**

508. Die Madrilenen gewann sogar dreimal in Folge den höchsten europäischen Wettbewerb.

509. Der Zuschauerrekord der englischen Women's Super League liegt bei 38.262 Fans. Aufgestellt wurde er im Nord-Londoner-Derby zwischen Arsenal und Tottenham.

510. Der VFL Wolfsburg ist Trikotsponsor des amerikanischen Drittligisten Chattanooga FC.

511. One Direction-Star Louis Tomlinson spielte 2013 für die Reserve des englischen Vereins Doncaster Rovers.

512. Während des Premier-League-Spiels zwischen Manchester United und Tottenham zensierte das iranische Fernsehen die Übertragung über 100. Mal, da man Schiedsrichter-Assistentin Sian Massey-Ellis mit unbedeckten Haaren und nackten Knien sehen konnte.

**513. An diesen Stellen zeigte das iranische Fernsehen Livebilder aus den Straßen Londons.**

514. Julian Nagelsmann stand bis zur Saison 2021/22 bei jedem Spiel zwischen RB Leipzig und TSG 1899 Hoffenheim an der Seitenlinie.

515. Da Mario Manždukiç im März 2021 verletzt war und nicht für den AC Milan auflaufen konnte, spendete er das Gehalt für wohltätige Zwecke.

**516. In der Geschichte der Premier League haben nur vier Spieler mehr als 20 Tore in mindestens fünf Saisons erzielt.**

517. Thomas Tuchel ist der erste deutsche Trainer, der im Finale des FA-Cups stand.

518. Seit dem Jahr 1980 hat der Hamburger SV mehr Champions-League-Titel gewonnen, als Arsenal, Atlético Madrid und Tottenham kombiniert. Nämlich genau einen.

519. José Mourinho hat seit dem Beginn seiner Trainer-Karriere 106 Millionen Euro an Abfindungen erhalten.

520. Wer beim FC Bayern München in der Kabine spuckt, muss 10.000 € Strafe zahlen.

**521. Arsène Wenger erreichte mit dem FC Arsenal 20 Spielzeiten in Folge die Top Vier.**

**522. Jan Oblak von Atlético Madrid und Ederson von Manchester City zählen zu den besten Torhütern der Welt. Noch in der Saison 2012/13 spielten sie gemeinsam für Rio Ave in Portugal.**

523. Der Japaner Dan Ito ist jener Fußballspieler, der in den meisten Ländern aktiv war. Er spielte in Asien und Australien und war in insgesamt 22 Ländern aktiv. Darunter auch in Myanmar, Bhutan, Guam und Malaysia.

**524. Pep Guardiola ist der Trainer mit den meisten Titeln im 21. Jahrhundert (29). Auf Platz zwei liegt der Rumäne Mircea Lucescu mit 28 Titeln, auf dem dritten Rang José Mourinho.**

525. Iago Aspas führte in seiner PL-Karriere mehr Eckbälle aus, als er Torschüsse hatte.

526. Die höchste Ablöse, die je für einen Trainer bezahlt wurde, liegt bei 25 Millionen Euro. Soviel zahlte der FC Bayern München an RB Leipzig, um Julian Nagelsmann in die bayrische Hauptstadt zu lotsen.

527. Manuel Neuer ist zwei Jahre älter als Julian Nagelsmann.

528. Eric Maxim Choupo-Moting spielte in seiner Karriere für Mainz 05, Schalke 04, Stoke City, PSG und Bayern München. Noch nie wurde für den Kameruner eine Ablöse bezahlt.

529. Der teuerste Torhüter der Geschichte ist der Spanier Kepa Arrizabalaga. Für ihn überwies der FC Chelsea 80 Millionen Euro an Athletic Bilbao.

**530. Wäre der Holländer Dirk Kuyt kein Fußballprofi geworden, wäre er laut eigener Aussage Fischer geworden.**

531. Der italienische Ex-Profi Antonio Cassano gab in seiner Autobiographie an, mit 600 bis 700 Frauen geschlafen zu haben.

532. Im Wembley-Stadion muss man vom Spielfeld aus 107 Stufen überwinden, um die „Royal Box" zu erreichen, auf welcher die Pokalübergabe erfolgt.

533. Der Bulgare Christo Stoitschkow gründete 2006 in Spanien einen nach ihm selbst benannten Fußballverein.

534. Brad Friedel hält in der Premier League mit 310 Einsätzen den Rekord für die meisten absolvierten Spiele in Folge.

535. 1921 wurde Frauenfußball von der FA verboten. Der Grund war angeblich der Schutz der Frauen, da diese nicht in der physischen Verfassung seien, Fußball zu spielen. Es wurde allerdings gemunkelt, dass die Popularität des Frauenfußballs die Aufmerksamkeit von den männlichen Teams abwendete.

**536. Vor allem das englische Team „Dick, Kerr Ladies" war ein Zuschauermagnet und konnte oft bis zu 50.000 Fans ins Stadion locken. Am 26. Dezember 1920 kamen sogar 53.000 in den Goodison Park in Liverpool. Ein Jahr später wurde der Frauenfußball von der englischen FA verboten.**

537. Auch in Deutschland gab es ein solches Verbot, aber erst 1955. Der DFB begründete dies folgendermaßen: „Im Kampf um den Ball verschwindet die weibliche Anmut, Körper und Seele erleiden unweigerlichen Schaden und das Zurschaustellen des Körpers verletzt Schicklichkeit und Anstand." Einige Mediziner befürchteten, dass die weiblichen Geschlechtsorgane durch das Springen und Spreizen der Beine durcheinandergebracht werden könnten. Das Verbot wurde erst 1970 wieder aufgehoben. Gespielt wurde jedoch mit anderen Regeln als bei den Männern.

538. Die erste Saison in der MLS, also der nordamerikanischen Profiliga, wurde erst 1996 gespielt.

539. Zu den zehn Gründungsteams gehörten Columbus Crew, D.C. United, New York/New Jersey MetroStars, New England Revolution, Tampa Bay Mutiny, Colorado Rapids, Dallas Burn, Kansas City Wiz, LA Galaxy und San Jose Clash.

**540. Bis auf Tampa Bay Mutiny sind noch all diese Vereine in der MLS zu finden.**

541. Der Verein Sporting Kansas hat seinen Sitz in Kansas City, im US-Bundestaat Missouri, trägt seine Spiele aber in der gleichnamigen Stadt in Kansas aus.

542. Bei der WM 2006 musste Weltmeister Italien keinen einzigen Treffer, der aus dem Spiel heraus resultierte, hinnehmen. Die zwei Gegentore waren ein Elfmeter und ein Eigentor.

**543. Fabio Cannavaro, der die meisten Spiele in seiner Karriere als Innenverteidiger absolvierte, war lediglich 1,75 Meter groß.**

544. Cannavaro war zudem der erste Innenverteidiger, der den Ballon d'Or gewonnen hat.

545. Der ehemalige österreichische Profi Hans Krankl war neben seiner Karriere als Fußballer auch im Musikgeschäft erfolgreich und brachte zahlreiche Singles heraus.

546. Lukas Podolski gab sein Debüt für die deutsche Nationalmannschaft in einem Freundschaftsspiel gegen Ungarn.

547. Zuvor wurde der Stürmer, ohne dass er auch nur einmal für die A-Nationalmannschaft gespielt hatte, in den Kader für die EM 2004 einberufen.

548. Jan Koller musste am 9. November 2002, nach einem Platzverweis von Jens Lehmann, ab der 67. Spielminute das Tor von Borussia Dortmund im Auswärtsspiel gegen Bayern München das Tor hüten.

549. Für seine starke Leistung wurde der Tscheche vom Sportmagazin „kicker" in die „Elf des Tages" berufen.

550. Beim Carabao-Cup-Auftritt seines Klubs Brentford wurde Said Benrahma zum Spieler des Spiels gekürt. Zusätzlich zu einer Trophäe bekam der Offensivspieler auch eine Ausgabe des Computerspiels „Crash Bandicoot".

**551. Der weißrussische Ex-Profi Aljaksandr Hleb ist Mitglied einer Investorengruppe, welche dem deutschen Fußballverein SG Sonnenhof Großaspach den Neubau des Stadions finanzierte.**

552. Alle zwei Jahre wird zwischen den baltischen Staaten Lettland, Litauen und Estland der „Baltic-Cup" ausgetragen. Das Turnier, das im Jahr 1928 ins Leben gerufen wurde, gilt als das älteste noch ausgetragene Fußballturnier für Nationalmannschaften in Europa.

553. Rekordsieger des Turniers ist Lettland mit 14 Titeln, zwischenzeitlich nahmen auch Finnland und Weißrussland am Wettbewerb teil.

**554. Die Gründungsmitglieder der vorerst gescheiterten „Super League“ sollten eine einmalige Zahlung von je 3,5 Milliarden Euro bekommen.**

555. Ryan Mason debütierte in der Saison 2020/21 mit 29 Jahren als Cheftrainer der Tottenham Hotspurs und ist somit der jüngste Trainer der PL-Geschichte.

556. Den Rekord für die meisten Eigentore in der Premier League hält Richard Dunne. Er traf zehnmal ins eigene Tor.

**557. Der türkische Zweitligist Akhisarspor verpflichtete 2021 den nigerianischen Fußballer Martins Chisom Onyebueke. Monate später stellte sich heraus, dass der Nigerianer gar kein Profi ist und zuvor bei keinem Verein gespielt hat. Für Akhisarspor kam er nie zum Einsatz.**

558. Thierry Henry und Alen Shearer waren die ersten Mitglieder der „Hall of Fame“ in der englischen Premier League.

559. Shearer ist der einzige Profi der Premier League, der über 100 Tore für zwei verschiedenen Klubs erzielte.

560. 1986 führte der DFB ein Verbot ein, wodurch sich Werbungen von Sponsoren nicht mehr im Brustbereich der Trikots von Frauen befinden durften, da diese verzerrt würden und daher ohnehin nicht den gewünschten Effekt erziele.

561. Die argentinischen Brüder Gonzalo und Federico Higuaín sind das erst vierte Geschwisterpaar seit dem Jahr 2000, das im selben Spiel traf. Sie trafen beide im selben Spiel für ihren amerikanischen Klub Inter Miami.

562. Es war zudem das erste Mal in der Geschichte der amerikanischen MLS, dass zwei Brüder in einem Spiel für denselben Verein ein Tor erzielten.

**563. Die anderen Paare sind Roger und Óscar García, Diego und Gabriel Milito, Yaya und Kolo Touré sowie die Gebrüder André und Jordan Ayew.**

564. Didier Drogba gewann in seiner Karriere für den FC Chelsea sieben von neun Finalspielen und erzielte in diesen ganze neun Tore.

565. In Finnland gibt es einen Verein namens „FC Santa Claus“.

**566. Roman Weidenfeller ist der letzte BVB-Torwart, der in der Bundesliga einen Elfmeter pariert hatte. Dies gelang ihm am 26. Oktober 2013.**

567. Sapir Berman ist die erste Transgender-Frau, die ein Erstligaspiel als Schiedsrichterin leiten darf. Sie ist in der höchsten israelischen Liga im Einsatz.

568. Der frühere Fußball-Profi Kevin Pannewitz, der unter anderem für den VFL Wolfsburg spielte, arbeitet mittlerweile als Straßenfeger.

569. Der FC Porto hat in den letzten 15 Jahren für 42 Spieler eine mindestens zweistellige Millionensumme kassiert.

570. Der momentan kleinste Torhüter der deutschen Bundesliga ist Yann Sommer von Borussia M'Gladbach. Er misst 1,83 Meter.

571. In der türkischen Süper-Lig gab es in der Saison 2020/21 während der Saison 34 Trainerwechsel.

572. Der damalige österreichische Zweitligist Austria Klagenfurt musste 2019 in ein anderes Stadion ausweichen, da in der eigentlichen Heimstätte, dem Wörtherseestadion, für ein Kunstprojekt Bäume gepflanzt wurden.

**573. Mit Ausnahme des Jahres 2020 wurde der Chilene Arturo Vidal seit dem Jahr 2012 in jeder Spielzeit Meister. Dies gelang ihm viermal mit Juventus Turin, dreimal mit Bayern München, und jeweils einmal mit dem FC Barcelona und Inter Mailand.**

574. Hertha BSC hat als einziger deutscher Profiklub einen Sportpsychologen speziell für die Torhüterabteilung engagiert.

575. Die österreichischen Vereine Rapid Wien und Vienna FC haben je einmal den DFB-Pokal gewonnen.

576. Die philippinischen Nationalspieler Manuel und Mike Ott sowie der Liechtensteiner Philipp Ospelt sind die einzigen aktuellen Nationalspieler, die in München geboren sind.

**577. Der FC Chelsea lädt seit dem 1. Juli 2021 auch Fans zu seinen Vorstandssitzungen ein. Jeweils drei sogenannte „Fanberater“ dürfen an den Sitzungen teilnehmen.**

578. Thomas Tuchel ist der erste Trainer der Champions-League-Geschichte, der in zwei aufeinanderfolgenden Jahren mit zwei unterschiedlichen Vereinen das Finale erreicht.

579. Ed Sheeran ist Sponsor des englischen Drittligisten Ipswich Town.

580. Die ewige Tabelle der Europa League führt der spanische Klub Villarreal mit 174 Punkten vor dem ebenfalls aus Spanien stammenden Verein Sevilla (147 Punkte) und dem österreichischen Verein Red Bull Salzburg (139 Punkte) an.

581. Als älteste Tor-Musik im deutschen Profi-Fußball gilt der „Zebra-Twist“ des MSV Duisburg.

**582. Seit Arsène Wenger den FC Arsenal verlassen hat, konnten sich die Gunners nicht mehr für die Champions League qualifizieren.**

583. Paul Scholes kam unter Sir Alex Ferguson in nur einem von vier Champions League-Finalspielen von Beginn an zum Einsatz.

584. Die Stadien der schottischen Rivalen FC Dundee und Dundee United liegen nur 52 Meter voneinander entfernt.

**585. Das Internat des SV Werder Bremen bietet 20 Jugendlichen Platz.**

586. Salomon Rondon und Duncan Ferguson sind die einzigen Spieler, die in einem Premier-League-Spiel dreimal per Kopf getroffen haben.

**587. Noch nie hatte ein Verein in einer Saison so viele Spieler eingesetzt wie Schalke 04 in der Spielzeit 2020/21. In jener kamen für die Knappen 37 Spieler zum Einsatz.**

588. Assani Lukimaya hält den Rekord für den am spätesten eingewechselten Spieler in der Bundesliga, der noch eine rote Karte erhielt. Er kam in der Saison 2012/13 in der 89. Spielminute ins Spiel und erhielt anschließend noch einen Platzverweis.

**589. Mario Balotelli ist der einzige italienische Spieler, der die Premier League gewinnen konnte.**

590. Axel Tuanzebe von Manchester United spielte gegen den FC Chelsea mit einer Smartwatch.

591. Seit Sir Alex Ferguson Manchester United verließ, befand sich Konkurrent Manchester City in der Tabelle immer über den Red Devils.

592. Der Nigerianer Kelechi Iheanacho von Leicester City hat in nur einer Saison an jedem Wochentag mindestens einen Treffer erzielt – Rekord.

593. Gigi Buffon gewann im Jahr 1999 mit Enrico Chiesa die Coppa Italia. Im Jahr 2021 gelang ihm dasselbe mit dessen Sohn Federico Chiesa.

**594. Ohne einen einzigen Auswechselspieler und mit einem verletzten Feldspieler im Tor bezwang River Plate am 5. Spieltag der südamerikanischen Copa Libertadores gegen CD Santa Fe mit 2:1.**

595. Der englische Verein Reading FC stellte seine neuen Trikots im Weltall vor.

596. Sowohl Roter Stern Belgrad als auch Steaua Bukarest und Nottingham Forrest haben die Vorgängerversion der Champions League, den Europapokal der Landesmeister, gewonnen.

597. Jérôme Boateng blieb mit dem FC Bayern München zwischen dem 3. November 2012 und dem 19. Dezember 2014 in 56 Bundesligaspielen in Folge ungeschlagen.

598. Mit 184 Treffern ist Sergio Agüero jener PL-Spieler mit den meisten Toren für einen Verein.

**599. Bei der WM 2010 waren zum ersten Mal drei Brüder gemeinsam bei einer Endrunde vertreten. Die Gebrüder Wilson, Jerry und Johnny Palacios befanden sich im Kader von Honduras.**

600. **Der Sommer in Schweden**
Der Sommer 1992 wird den Dänen wohl noch lange in Erinnerung bleiben. Es war Europameisterschaft in Schweden, Dänemark hatte sich jedoch nicht qualifiziert, sie wurden nur Gruppenzweiter, hinter Jugoslawien. Dort waren die Balkankriege in vollem Gange, weshalb die UEFA 10 Tage vor Beginn der EM beschloss, Jugoslawien aus dem Turnier auszuschließen. Somit bekamen die Dänen die Chance, doch anzutreten.

Sie hatten 10 Tage Zeit, um ein Team zusammenzustellen, das den Wettbewerb bestreiten und dabei möglichst gut abschneiden sollte. Ein schwieriges Unterfangen in solch einer kurzen Zeit, auch aus dem Grund, dass einige Spieler bereits am Strand lagen und ihre wohlverdiente Sommerpause genossen. Alle zur Verfügung stehenden Profis wurden zur Vorbereitung einberufen, andere brachen ihren Urlaub ab und reisten verspätet an.

Der Kader der Dänen bestand aus 20 Mann. Die Gruppe, die in Schweden auf sie wartete, waren: das Gastgeberland und die Favoriten Frankreich und England. Die Erwartungen hielten sich in Grenzen, sie konnten daher nur überraschen – und das haben sie getan! Sie setzten sich in der Gruppe durch, erreichten das Halbfinale gegen die Niederlande, welches sie im Elfmeterschießen für sich entscheiden konnten und standen somit sogar im Finale.

Dort mussten sie gegen die starken Deutschen antreten. Die Chancen standen schlecht für die Dänen, doch sie waren in einem Sensationsrausch und ließen sich von niemanden stoppen. Sie netzten zweimal – damit war das Wunder perfekt – Dänemark war Europameister! Und das, obwohl sie kurz zuvor noch nicht wussten, dass sie überhaupt teilnehmen dürfen. Der Fußball schreibt oft schöne Geschichten.

601. Der älteste Spieler, der je die WM gewonnen hat, ist Dino Zoff mit einem Alter von 40 Jahren.

602. Eigentlich sollte China die Frauen-WM 2003 veranstalten, jedoch brach dort dann der SARS-Virus aus, weshalb die USA dann kurzfristig als Gastgeber einsprangen.

603. Im Jahr 2021 war die Bundesliga die einzige Top-Liga, in welcher der Meister seinen Titel verteidigen konnte.

**604. Im Frauenfußball gab es früher eigene Regeln: Schönes Wetter war Voraussetzung, Stollenschuhe waren verboten und kleine Jugendbälle wurden verwendet. Außerdem war die Spielzeit bei den Damen kürzer und es wurde kurzzeitig über einen Brustschutz nachgedacht.**

605. Die Europameisterschaft 2021 war die erste, in welcher kein einziger Akteur von Real Madrid für die spanische Nationalmannschaft nominiert wurde.

606. In der seit 2009 eingeführten Relegation hat sich in bisher 13 Duellen stets der Bundesligist durchgesetzt.

607. Der gabunische Nationalspieler Guélor Kanga musste 2021 dem Disziplinarkomitee des afrikanischen Fußballverbandes erklären, wie seine Mutter 1986 verstarb, er aber 1990 geboren wurde.

**608. In der deutschen Bundesliga gibt es nur vier eingetragene Vereine.**

609. Mateo Kovačić gewann viermal die Champions League, spielte aber insgesamt nur 11 Minuten in den Finalspielen.

**610. Auf den zu Dänemark gehörenden Färöer-Inseln ist es aufgrund des starken Windes erlaubt, dass ein Mitspieler den Ball beim Elfmeter für den Schützen festhält.**

611. In der Saison 2019/20 haben die 18 Bundesligavereine 193,6 Millionen Euro für Spielerberater ausgegeben.

612. 2013 spielte N'Golo Kanté noch in der 3. Französischen Liga. Heute ist er Weltmeister und CL-Sieger.

613. Ronaldo erzielte seit seinem 30. Geburtstag über 300 Tore.

614. Guatemala schied in der WM-Quali 2022 mit 10 Punkten und einem Torverhältnis von 14:0 als Tabellenzweiter aus.

615. In den Kadern der teilnehmenden Nationen bei der EM 2021 stehen 32 Profis aus der zweiten englischen und damit vier mehr als aus der ersten französischen Liga.

616. England hat seit dem Jahr 1966 keinen Titel mehr gewonnen.

617. Turid Knaak ist die erste deutsche Nationalspielerin mit einem Doktortitel.

618. Hätte Deutschland die EM 2021 gewonnen, wäre pro Spieler 400.000 € als Siegesprämie ausgeschüttet worden.

619. Die finnische Nationalmannschaft trägt den Spitznamen „Die Uhus".

620. Die Türkei hat alle ihre sieben Auftaktspiele bei Turnieren verloren.

621. Josua Kimmich spielte bei all seinen 55 Spielen für die deutsche Nationalmannschaft durch.

622. Gennaro Gattuso wurde von der AC Florenz 23 Tage nach der Verkündung wieder entlassen.

**623. In Italien ist es verboten, mit einem Defibrillator Spitzensport zu betreiben.**

624. Als der FC Everton zum ersten Mal Meister wurde, existierte der FC Liverpool noch nicht einmal.

625. In 298 Bundesliga-Spielen hat David Alaba nie einen Elfmeter verursacht.

**626. Der FC Valencia ist der erste Klub, der einen eigenen Fan-Token als Kryptowährung eingeführt hat und damit auf der Brust des Trikots wirbt.**

627. Der brasilianische Klub Corinthians bestrafte seinen Spieler Jo, da dieser grüne Schuhe trug. Der Grund? Grün ist die Farbe des Rivalen Palmeiras.

**628. Ikea hat eine Wasserflasche nach Cristiano Ronaldo benannt.**

629. Der EM-Spielball wird seit dem Jahr 1968 stets von Adidas produziert.

630. Diego Simeone von Atlético Madrid ist mit einem jährlichen Bruttogehalt von 25 Millionen Euro der bestbezahlte Trainer der Welt.

631. René Adler hat im Jahr 2021 eine Plattform für Algorithmus-basierte Transfers gegründet.

632. Die spanische Nationalmannschaft ist das einzige Team, das einen EM-Titel verteidigen konnte. „La Furia Roja“ gewann die Europameisterschaft im Jahr 2008 und 2012.

633. Zlatan Ibrahimovic schwört zur Regeneration auf eine Cryokammer, also einen begehbaren Tiefkühlraum.

**634. Der Belgier Jan Vertonghen ist Investor einer Firma, die zur Behandlung von Epilepsie forscht.**

635. Das Ottmar-Hitzfeld-Stadion in Gspon in der Schweiz ist das am höchsten gelegene Stadion Europas. Es liegt 2000 Meter über dem Meeresspiegel.

636. Der Engländer Luke Shaw verpasste seit seiner Unterschrift bei Manchester United verletzungsbedingt über 700 Tage.

637. Cristiano Ronaldo verdient im Durchschnitt rund 1,35 Millionen Euro pro Instagram-Post.

638. Lionel Messi hat in seiner Karriere insgesamt 58 Tore per direktem Freistoß erzielt.

639. Kyu-Hyun Park von Werder Bremen trinkt laut eigener Aussage pro Tag 14 rohe Eier.

**640. Gianluigi Donnarumma hat seit seinem Länderspieldebüt für Italien im September 2016 insgesamt 33 Spiele bestritten und kassierte dabei nie mehr als ein Gegentor.**

641. Der reichste Klub-Eigentümer der Welt ist Sheik Mansour von Manchester City mit einem Vermögen von 20 Milliarden Euro. Ihm folgen Roman Abramowitsch vom FC Chelsea (zwölf Milliarden Euro) und Stan Kroenke vom FC Arsenal (neun Milliarden Euro).

642. Der asiatische Staat Katar nahm im Januar 2019 am Asien-Cup teil, spielte im Juni 2019 bei der Copa America (Südamerika) mit und trat im Juli 2021 beim Gold-Cup (Nord- & Mittelamerika) an.

**643. Leonardo Bonucci hat seit 2015 kein Spiel mehr an der Seite von Georgio Chiellini verloren.**

644. Schweden und Italien sind die einzigen Nationen, die im selben Jahr den Song Contest sowie die Fußball-Europameisterschaft gewonnen haben. Der schwedischen Frauen-Nationalmannschaft gelang dies im Jahr 1984, der italienischen Herren-Nationalmannschaft im Jahr 2021.

645. Zwischen den Jahren 1985 und 1993 fand der sogenannte „Artemio-Franchi-Pokal" statt. Dies war ein Wettbewerb, bei welchem der aktuelle Europameister gegen den aktuellen Südamerikameister antrat. Offiziell wurde der Bewerb zweimal ausgetragen.

**646. Im Jahr 1985 gewann Frankreich das Duell gegen Uruguay mit 2:0, im Jahr 1993 setzte sich Argentinien im Elfmeterschießen gegen Dänemark durch.**

**647. Bei einem Freistoß dürfen sich rein theoretisch alle Spieler einer Mannschaft in die Mauer stellen. Vorgekommen ist das jedoch noch nie.**

648. Wenn ein Spieler bereits vor dem Anpfiff eine rote Karte bekommt, darf stattdessen ein anderer Spieler auflaufen, damit das Team nicht in Unterzahl agieren muss.

**649. Den höchsten Sieg bei einer Frauen-WM erzielte Deutschland im Jahr 2007 mit einem 11:0 gegen Argentinien.**

650. Hätte das deutsche Frauennationalteam die WM 2019 gewonnen, hätte jede Spielerin eine Prämie von 75.000 € bekommen. Bei der Weltmeisterschaft 2018 hätten die Herren bei einem Sieg ganze 350.000 € pro Akteur bekommen.

651. Bei der ersten Europameisterschaft in Frankreich traten nur vier Mannschaften an. Gewonnen hat das Turnier die Sowjetunion.

652. 1924 ist das Gründungsjahr der Gebrüder Dassler Schuhfabrik. Die beiden Gründer waren die Brüder Adolf und Rudolf Dassler. Sie statteten den Großteil der deutschen Athleten für die olympischen Sommerspiele in Amsterdam aus. Etwa 20 Jahre später zerstritten sie sich und Rudolf gründete seine eigene Schuhfabrik: Puma. Adolf hingegen änderte den Namen seines Unternehmens zu adidas.

653. Für komplette Mannschaften wurden Fußballschuhe mit auswechselbaren Schraubstollen das erste Mal im Jahr 1949 eingesetzt.

654. Das Logo von Nike wurde 1971 von einer Grafikdesign-Studentin entworfen. Sie bekam damals etwa 35 US-Dollar von dem Unternehmen. Als Nike erfolgreicher wurde, bekam sie als Dank noch einen Diamantring und Unternehmensaktien.

655. In etwa 85 % der Trainer von Frauenmannschaften sind Männer.

656. Die deutsche Frauenfußballnationalmannschaft gewann zwischen 1995 und 2013 wurden sechs Europameisterschaften in Folge gewonnen.

**657. Nur Deutschland wurde sowohl mit den Frauen als auch mit den Männern Fußballweltmeister und Europameister.**

658. Álvaro Morata hat mehr EM-Tore erzielt als jeder andere Spieler in der Geschichte Spaniens.

659. Seit der Saison 1988/89 standen nur sieben Spieler für die drei großen Vereine Istanbuls unter Vertrag. Der letzte Spieler der sowohl für Fenerbahce, als auch für Besiktas und Galatasaray spielte, ist Mehmet Topal.

660. Der erste Fußballer, der von der Queen Englands royal gewürdigt wurde, war Stanley Matthews.

661. Sein letztes Spiel absolvierte der älteste Gewinner „des goldenen Balles“ im Alter von 50 Jahren für Stoke City.

662. Antoine Griezmann sprach für die französische Synchronisation des „LEGO Batman-Films“ Superman.

663. Die italienische Serie A verbietet ab der Saison 2022/23 grüne Trikots, um eine bessere Sichtbarkeit der Spieler auf dem Rasen zu gewährleisten.

664. Der Körperfettanteil von Cristiano Ronaldo liegt bei rund sieben Prozent.

665. Sergio Ramos erhielt in insgesamt 671 Spielen für Real Madrid 216 gelbe, 18 gelb-rote und acht glatt rote Karten.

666. Uruguay und Argentinien haben mit je 15 Copa-America-Titeln deutlich mehr als Brasilien (neun).

**667. Seit dem Jahr 2003 vergibt die italienische Sportzeitung „Tuttosport“ jährlich den Golden-Boy-Award für den besten Nachwuchsspieler der Saison.**

**668. Bei der ersten Auszeichnung wurde Rafael van der Vaart zum besten Spieler Europas unter 21 Jahren gekürt.**

669. Zusammen holten die Vereine der 2. Bundesliga in der Saison 2021/22 31 deutsche Meisterschaften. So viele wie noch nie zuvor.

670. Die höchsten Mitgliedszahlen in Deutschland hat Bayern München (293.000) gefolgt von Borussia Dortmund (160.000) und Schalke 04 (158.000).

671. 4,2 Prozent der deutschen Fußballvereine weisen einen Migrationsbezug im Namen auf. So gibt es beispielsweise den HNK Hajduk, den FC Italia oder den FC Arriba Peru.

**672. Der Bulgare Christo Stoitschkow wurde für sechs Monate suspendiert, da er auf den Schiedsrichter eintrat.**

673. Die brasilianische Fußballspielerin Formiga nahm bei unglaublichen sieben Olympia-Turnieren teil. Das erste olympische Turnier das sie bestritt, war jenes im Jahr 1996 in Altanta.

**674. Gianluigi Buffon spielte im 21. Jahrhundert die meisten Spiele zu Null. Er kassierte in 409 Spielen kein Gegentor.**

675. Theo Walcott gab sein Debüt für die englische Fußballnationalmannschaft im Alter von 16 Jahren.

676. Der Spanier Pedro ist der einzige Spieler der Fußball-Geschichte, der die Champions League, Europa League, Europameisterschaft, Weltmeisterschaft, den UEFA-Super-Cup und die Klub-WM gewonnen hat.

**677. Der Zwergstaat Gibraltar spielte bei seinem ersten Länderspiel überhaupt im Jahr 2013 gegen die Slowakei 0:0. Insgesamt konnte das Nationalteam in 57 Spielen sechs Mal als Sieger vom Platz gehen.**

678. Während einer Fußball-EM passieren laut der Versicherung „Wiener Städtische" täglich im Durchschnitt 290 Autounfälle.

679. Bei der WM 2018 in Russland war es stellenweise erlaubt, Mückenspray in kleinen Flaschen mitzubringen, da zu diesem Zeitpunkt in der WM-Stadt Wolgograd enorm viele Mücken aktiv waren.

680. Während einer Fußballmeisterschaft gibt es zehn Prozent mehr Einbrüche als sonst, da viele Fans die Spiele außer Haus verfolgen.

**681. Das Finale der Weltmeisterschaft 1950 im brasilianischen Maracanã (Rio de Janeiro) hält den Rekord für die höchste Zuschauerzahl in einem Stadion. Damals sollen 200.000 Zuseher im Maracanã gewesen sein.**

682. In Deutschland muss ein Spielfeld in der Norm 45 bis 90 Meter breit und 90 bis 120 Meter lang sein.

683. In der Bundesliga gilt hingegen eine Breite von 68 Metern und eine Länge von 105 Metern.

684. 1894 gründete Nettie Honeyball in London die erste Mannschaft im Frauenfußball. Aus Anstandsgründen spielten die „British Ladies“ damals noch mit Hüten auf den Köpfen.

685. Bei der Frauen-WM 1991 wurden nur 80 Minuten gespielt.

686. José Mourinho arbeitete zu Beginn seiner Karriere als Übersetzer beim FC Barcelona.

687. Der legendäre italienische Trainer Arrigo Sacchi arbeitete einst als Schuhverkäufer.

688. Es gibt bisher nur drei Spieler, die in allen Top-5-Ligen aktiv waren. Diese sind der Rumäne Florin Raducioiu, der Däne Christian Poulsen und der Montenegriner Stevan Jovetić.

689. Mirko Slomka war im Jahr 2008 Botschafter für das Jahr der Mathematik.

690. Bei seinem Torjubel formt der Belgier Axel Witsel seine Hände zu einem Adler, was eine Hommage an sein Idol Nicolas Anelka ist.

**691. In Australien musste ein Spiel zwischen dem Blue Devils FC und dem Canberra FC unterbrochen werden, da ein Känguru auf das Spielfeld stürmte.**

692. Martin Ödegaard feierte sein Debüt für die norwegische Nationalmannschaft im Alter von 15 Jahren.

693. Der ehemalige belgische Nationalspieler Radja Nainggolan ist Raucher und bekommt deswegen stets ein Hotelzimmer mit Balkon.

**694. Der Deutsche Lennart Thy spendete im März 2018 als registrierter Stammzellenspender Blut an einen an Leukämie Erkrankten und ermöglichte diesem damit eine Therapie.**

695. In Italien wurde im Jahr 2016 eine grüne Karte eingeführt, die besonderen Sportsgeist der Spieler belohnen soll. Die Karte hat jedoch lediglich einen symbolischen Wert und bringt keinen Vorteil.

**696. Premiere feierte die grüne Karte übrigens in der Serie B, der erste Spieler der jene erhielt war Cristian Gallano vom Klub Vicenza Calcio. Er hatte nach einem Torschuss zugegeben, dass der Ball nicht mehr abgefälscht wurde und somit auf Abstoß entschieden werden sollte.**

697. Landet ein Einwurf im eigenen Tor, ohne dass ein Akteur den Ball berührt, wird der Treffer annulliert. Der Gegner bekommt dann einen Eckball.

698. Das wiederholte Ausführen eines Kopfballes kann zu einer Rückbildung von Hirnzellen führen.

**699. Der ehemalige Chelsea-Trainer Roberto di Matteo erzielte im Jahr 2000 das letzte Tor im alten Wembley-Stadion.**

700. **Die European Super League**
Im Jahr 2021 hatten zwölf der größten europäischen Klubs den Plan, eine European Super League zu gründen. Der wohl dominanteste Hintergedanke: Geld.

Der Plan stieß jedoch auf Widerspruch und zahlreiche Fans protestierten, weshalb er nach nur 2 Tagen wieder in den Sand gesetzt wurde.

Es gibt jedoch auch ausreichend Vereine, die nicht aufs Geld aus sind und viel Wert auf deren Mitglieder, die Fairness, die Freundschaft und die Verbundenheit legen. Die Fans leiten ihre Vereine, sie stimmen gemeinsam über wichtige Fragen ab und engagieren sich sozial. Aus diesem Grund sind acht europäische Amateurteams mit der Realisierung der FENIX-Trophy beschäftigt.

Die teilnehmenden Vereine sind:

- AFC DWS aus Amsterdam (Niederlande)
- HFC Falke aus Hamburg (Deutschland)
- ASD Lodigiani Calcio aus Rom (Italien)
- Prague Raptors aus Prag (Tschechien)
- CD Cuenca aus Cuenca (Spanien)
- Brera FC aus Mailand (Italien)
- FC United of Manchester aus Manchester (England)
- AKS Zly aus Warschau (Polen)

Gestartet wurde das Projekt vom Brera Calcio, einem mailändischen Klub. Für die Mannschaft steht der Fußball im Mittelpunkt. Sie alle haben schlechte Erfahrung mit Investoren gemacht, gingen bankrott oder haben ähnliche Gründe und wollen sich nun auf das Wesentliche konzentrieren, ganz nach dem Motto „Back to the Roots“. Daher auch der Name „FENIX“, welcher wie phoenix (Englisch: Phönix) ausgesprochen wird und auch das Wappen des Turniers darstellt.

FENIX hat aber auch noch eine andere Bedeutung, es ist nämlich ein Akronym:

F – Friendly (freundliches Umfeld)
E – European (europäisches Netzwerk)
N – Non-professional (Fokus auf Amateurklubs)
I – Innovative (Zusammenkunft aufgrund von Verbundenheit ist neu)
X – Xenial (griechisch: xènos – Fremder → Gastfreundschaft)

Das Turnier wird in zwei Gruppen mit jeweils vier Mannschaften gespielt, am Ende reisen alle acht Teilnehmer nach Rimini an, um dort bei einem finalen Turnier die endgültigen Platzierungen auszuspielen.

**701. Nasser Al-Khelaifi, der Präsident von Paris Saint-Germain, war einst Tennisprofi und absolvierte für die katarische Davis-Cup-Mannschaft insgesamt 45 Partien.**

702. Mit Stand 13. September 2018 hatte Atalanta Bergamo während des abgelaufenen Transferfensters ganze 55 Spieler an andere Vereine verliehen.

**703. Ryan Bertrand gab sein Debüt in der Champions League für den FC Chelsea im Finale gegen Bayern München.**

704. Im Sommer 2013 hatte der FC Parma 166 Spieler unter Vertrag.

705. Darunter war auch der Pole Slawomir Peszko, der allerdings noch nie in Parma war.

706. Obwohl es die deutschen Frauen im Fußball nicht gerade leicht hatte, ließen sie sich nicht aufhalten und wurden 1989 Europameister. Es gab sogar einen Preis, der unterschied sich jedoch erheblich von dem der Herren: Dem Team wurde ein Kaffeeservice mit blauen und roten Blüten überreicht.

707. Im Jahr 2004 wurde die Mutter des Brasilianers Robinho entführt und 41 Tage lang von Kidnappern gefangen gehalten.

708. Kai Havertz ist mit einer Ablöse von 80 Millionen Euro der teuerste deutsche Spieler. Für diese Summe kaufte der FC Chelsea den Deutschen von Bayer 04 Leverkusen.

709. Im Jahr 1980 traf Real Madrid im spanischen Pokalfinale auf Real Madrid Castilla, also die zweite Mannschaft.

710. Die erste Mannschaft konnte die Zweitvertretung, die anschließend sogar im Europapokal der Pokalsieger antreten durfte, mit 6:1 besiegen.

**711. In Rumänien gibt es einen Fußballplatz, der 30 Meter unter der Erde in einer ehemaligen Salzmiene liegt.**

712. Wayne Rooney, Gareth Bale und Kevin Davies sind die einzigen Spieler der PL-Geschichte, die in einem Spiel sowohl ein Tor, ein Eigentor als auch einen Assist vorweisen können.

713. Zum Finale der Checkatrade, einem englischen Pokalwettbewerb der Dritt- und Viertligisten, pilgerten in der Saison 2018/19 knapp 90.000 Zuschauer ins Wembley-Stadion. Die Partie fand zwischen AFC Sunderland und dem FC Portsmouth statt.

714. Am 14. August 1981 fügte der Bremer Norbert Siegmann seinem Gegenspieler von Arminia Bielefeld, Ewald Lienen, eine 20 Zentimeter lange Fleischwunde zu.

**715. In seinem ersten Spiel für Atlético Madrid gewann Diego Godin sofort einen Titel.**

716. Beim 3:0-Sieg des BVB im Jahr 2015 gegen Schalke 04 jubelten die Torschützen Marco Reus und Pierre-Emerick Aubameyang verkleidet als Batman und Robin.

717. In der Geschichte des *Doppelpass* gab es mit Rudolph Brückner, Jörg Wontorra, Thomas Helmer und Florian König erst vier Moderatoren.

718. Die beste Saison von Luis Suárez (2015/16 mit 83 Scorerpunkten) ist nur um einen Scorerpunkt schlechter als jene von Cristiano Ronaldo (2014/15 mit 84 Scorerpunkten).

**719. Der 1. FC Nürnberg ist der einzige Bundesligaverein, der als amtierender Meister abstieg.**

720. Dynamo Dresden spielte früher unter dem Namen „SV Deutsche Volkspolizei Dresden“.

721. N’Golo Kanté spielt vor dem Training gerne Schach auf dem Handy.

722. Laut der FIFA ist Josef Bican, der sowohl für die österreichische als auch für die tschechoslowakische Nationalmannschaft spielte, jener Spieler, der in seiner Karriere die meisten Tore erzielt hat. Er soll 805 Tore geschossen haben.

723. Brasilien hat mit insgesamt 229 Treffern die meisten Tore bei Weltmeisterschaften erzielt.

724. Bei einem Nachwuchsspiel in Brasilien erzielte Ronaldinho alle 23 Treffer seines Teams. Das Spiel endete 23:0.

**725. Der unterklassige englische Verein „West Auckland Town FC" gewann mit der „Sir Thomas Lipton Trophäe" den ersten europäischen Wettbewerb überhaupt.**

726. Bei der Europameisterschaft spielen acht Mannschaften mit, die geografisch eigentlich in Asien liegen.

727. Diese sind Türkei, Kasachstan, Aserbaidschan, Georgien, Armenien, Zypern, Israel und Russland.

728. Nur bei der WM 1958 nahmen alle vier britischen Nationalteams teil. Damals qualifizierten sich England, Schottland, Nordirland und Wales für die WM-Endrunde.

729. Der Verein Achmat Grozny ist der einzige tschetschenische Verein, der in der ersten russischen Liga vertreten ist.

**730. Der 11. Oktober ist in Panama ein Nationalfeiertag. Der Grund? An diesem Tag qualifizierte sich Panama erstmals für eine Fußball-WM.**

731. Der italienische Klub Castel di Sangro war jener Klub mit der niedrigsten Einwohnerzahl (5900), der je in die zweitklassige Serie B aufgestiegen ist.

**732. Der 40-fache italienische Nationalspieler Vincenzo Iaquinta wurde im März 2016 wegen illegalen Waffenbesitz und Mafiazugehörigkeit zu zwei Jahren Gefängnis verurteilt.**

733. Mit Ausnahme der Jahre 1930 und 1950 stand in jedem WM-Finale mindestens eine Nation aus Europa.

734. In einem Spiel zwischen Crystal Palace und Brighton holte Kelvin Morton fünf Elfmeter heraus.

735. Teddy Sheringham ist mit 40 Jahren und acht Monaten der älteste Torschütze der PL-Historie.

736. Zwischen dem Jahr 1960 und dem Jahr 1985 gewann der FC Barcelona nur einmal die spanische Liga.

737. Mathieu Flamini verlor während seiner Karriere beim FC Arsenal kein einziges Heimspiel. In 53 Spielen gewann er mit den Gunners 37 Mal und spielte 16 Mal unentschieden.

**738. Wann immer Manchester United im heimischen Old Trafford zur Halbzeit in Führung lag, hat der Klub noch nie ein Spiel in der Premier League verloren.**

739. César Azpilicueta, Wes Morgan, John Terry und Gary Pallister sind die einzigen Feldspieler, die für ihren Verein in der Meistersaison jede Minute gespielt haben.

740. Der 17-Jährige Torhüter Denis Popov vom russischen Verein FK Rostov wurde trotz der 1:10-Niederlage seines Klubs zum Spieler des Spiels gewählt. In der Partie parierte der Tormann 15 Schüsse und hielt sogar einen Elfmeter.

741. Um während der Corona-Saison Gehälter zu sparen, wurden die Profis von Olympique Lyon mit Aktien am Verein beteiligt.

742. Marcos Llorente schläft in einem 35.000 € teuren Spezialbett.

743. Sowohl in der englischen Premier League als auch in der ersten russischen und argentinischen Liga gibt es einen Klub mit dem Namen „Arsenal“.

**744. Denis Compton spielte sowohl Fußball für den FC Arsenal als auch Cricket für das englische Nationalteam.**

745. Cardiff City ist der einzige nicht-englische Sieger des FA-Cups.

**746. Aufgrund des in vielen Fußballstadien geltenden Rauchverbotes kaut der italienische Trainer Maurizio Sarri während den Spielen seines Teams auf Zigarettenbestandteilen herum.**

747. Laut eigener Aussage soll er täglich 60 Zigaretten rauchen.

**748. Am Boxing Day Spieltag 1963 in England wurden 66 Tore in 10 Spielen geschossen:**

| | |
|---|---|
| **FC Blackpool – FC Chelsea** | **1:5** |
| **FC Burnley – Manchester United** | **6:1** |
| **FC Fulham – Ipswich Town** | **10:1** |
| **Leicester City – FC Everton** | **2:0** |
| **FC Liverpool – Stoke City** | **6:1** |
| **Nottingham Forest – Sheffield United** | **3:3** |
| **Sheffield Wednesday – Bolton Wanderers** | **3:0** |
| **West Bromwich – Tottenham Hotspur** | **4:4** |
| **West Ham United – Blackburn Rovers** | **2:8** |
| **Wolverhampton Wanderers – Aston Villa** | **3:3** |

## Hier ist Platz für deine eigene Faktensammlung!

........................................................................................................................................

........................................................................................................................................

........................................................................................................................................

........................................................................................................................................

........................................................................................................................................

........................................................................................................................................

........................................................................................................................................

........................................................................................................................................

........................................................................................................................................

........................................................................................................................................

........................................................................................................................................

........................................................................................................................................

........................................................................................................................................

........................................................................................................................................

........................................................................................................................................

........................................................................................................................................

........................................................................................................................................

........................................................................................................................................

........................................................................................................................................

........................................................................................................................................

........................................................................................................................................

**Impressum:**

Bibliografische Information der Deutschen Nationalbibliothek:
Die Deutsche Nationalbibliothek verzeichnet diese Publikation in der Deutschen Nationalbibliografie; detaillierte bibliografische Daten sind im Internet über http://dnb.dnb.de abrufbar.

1. Auflage 2021


Satz: Roman Bold & Black, Köln
Lektorat und Gesamtherstellung: Stiebner Verlag, Grünwald

Printed in the EU

ISBN 978-3-7679-1283-0

www.copress.de